새 연세한국어
말하기와 쓰기 1-2

연세대학교 한국어학당 편

연세대학교 출판문화원

머리말

연세대학교 한국어학당은 1959년에 설립된 한국 최초의 외국어로서의 한국어 교육 기관이다. 연세대학교 한국어학당은 그간의 역사와 명성에 걸맞게 다양한 한국어 교재 편찬 및 관련 연구를 해옴으로써 한국어 교육을 선도해 왔다. 지금까지 전 세계에서 온 약 150여 개국의 17만여 명에 이르는 한국어 학습자에게 한국어와 한국 문화를 가르쳐 왔으며, 최근에는 빠른 속도로 변화해 가는 교육 환경에 맞추어 오프라인 한국어 교육뿐만 아니라 온라인 한국어 교육 콘텐츠 개발에도 노력을 기울이고 있다. 이미 세계 각국의 한국어 학습자를 대상으로 글로벌 온라인 대중 공개 강좌(MOOC)를 개설하여 학습자들로부터 큰 호응을 얻었고 연세대학교 온라인 교육 혁신 플랫폼인 런어스(LearnUs)에도 최신 기술을 활용한 한국어 콘텐츠를 올려서 학습자들을 만나는 중이다.

연세대학교 한국어학당은 그간 일반 목적 한국어 학습자들뿐만 아니라 특수 목적 한국어 학습자들을 대상으로 정규과정, 단기과정, 대학 한국어 과정 등 다양한 교육과정을 개설 운영하면서 학습자의 요구에 부응하는 최상의 교재를 개발해 왔다. 이러한 교재들은 국내외의 한국어 교육 기관에서 교사와 학습자들의 다양한 요구를 충족시키며 양질의 한국어 교수·학습을 위해 널리 사용되고 있다.

연세대학교 한국어학당은 그간 가장 큰 호응을 받아 왔던 '연세한국어' 1급~6급의 뒤를 이을 새로운 교재로 '새 연세한국어' 시리즈를 기획 출간하게 되었다. 이 교재의 개발을 위해 한국어 교육 현장 경험이 풍부한 전문 한국어 교육학자 및 교사들이 대거 투입되었고 최상의 한국어 교수법 및 학습자 집단의 요구에 대한 이해를 바탕으로 개발 작업이 장기간에 걸쳐 수행되었다.

이번에 출간된 '새 연세한국어' 시리즈는 총 6단계로 각 단계마다 어휘와 문법 교재, 말하기와 쓰기 교재, 듣기와 읽기 교재로 구성되어 있다. '새 연세한국어 어휘와 문법'은 한국어 학습자들이 각 숙달도별로 가장 필수적으로 익혀야 하는 주요 어휘와 문법에 대한 이해와 활용을 중심으로 구성되었다. '새 연세한국어 말하기와 쓰기'는 원활한 한국어 의사소통을 위해 꼭 필요한 표현 기능을 수행할 수 있도록 말하기, 쓰기 과제를 중심으로 구성되었다. 또한 '새 연세한국어 듣기와 읽기'는 듣기, 읽기 과제를 중심으로 각 급별 숙달도에 적절한 이해 능력을 함양시킬 수 있도록 구성되었다. 이 세 권의 교재는 어휘·문법, 표현, 이해 능력의 고른 발달을 위해 패키지로 함께 사용될 수도 있고, 교육 현장 여건이나 학습자의 요구에 따라 별도로 사용될 수도 있다. 또한 어휘와 문법 교재의 경우 별도의 지침서가 무료로 제공되므로 교육 경험이 다소 부족한 국내외의 한국어 교사들에게 유용한 길잡이가 될 수 있을 것이다.

연세대학교 한국어학당은 앞으로도 전 세계의 한국어 학습자들의 요구와 기대에 부응하는 교재 개발을 위해 최선을 다할 것이다. 아울러 본 교재가 국내외에서 한국어 교육을 위해 노력을 아끼지 않는 많은 교사와 한국어 학습을 위해 노력하는 모든 학습자들에게 크게 도움이 되기를 바란다.

연세대학교 언어연구교육원

한국어학당 교재편찬위원회

일러두기

01 이 책은 <새 연세한국어 **어휘와 문법 1**>, <새 연세한국어 **듣기와 읽기 1**>과 함께 한국어 초급 학습자들을 위한 교재이다. 특히 <새 연세한국어 **어휘와 문법 1**>에서 배운 문형과 어휘를 활용해서 말하기와 쓰기의 표현 연습을 할 수 있도록 구성되었다.

02 이 책은 한국어 초급 학습자들이 한국어로 말하고 쓸 수 있는 능력을 키우기 위한 표현 능력 개발 교재이다.

03 이 책은 총 20과이며 각 과는 2개 항으로 구성되어 총 40개 항이 있다. 그리고 2개 과마다 복습을 할 수 있도록 복습 10개 항을 구성했다. 각 항은 각각 50분 수업 분량으로 이 책은 총 50개 항으로 구성되어있다. 그리고 2개 항마다 한국 문화에 대한 소개가 있다.

04 이 책의 각 항은 '제목, 학습목표, 준비해 봅시다, 이야기해 봅시다, 써 봅시다'로 구성되었다. 복습항은 선행 학습된 2개 과의 주제와 기능, 어휘와 문법을 활용할 수 있도록 3개의 과제로 구성되어 있다.

05 이 책의 각 과의 제목은 <새 연세한국어 **어휘와 문법 1**>과 동일하다. 각 항의 제목은 해당 항의 내용 중에서 학습목표를 드러낼 수 있는 대표적인 문장을 사용했다.

06 학습목표는 '-에 대해서 이야기할 수 있다, 설명할 수 있다, 소개할 수 있다'와 같이 표현 기능이 드러나도록 기술했다.

07 '준비해 봅시다'는 각 항의 들어가기에 해당된다. 삽화를 제시해서 학습자들의 이해를 돕고 2개의 질문을 통해서 각 항의 구체적인 내용을 예측해 볼 수 있도록 구성했다. 1과에서 5과까지는 2개의 질문이 모두 삽화와 관련된 것이다. 6과에서 20과까지는 삽화와 관련된 질문 1개와 학습자들의 상황에 맞춰 대답할 수 있는 질문 1개로 구성되어 있다.

08 '이야기해 봅시다'는 <새 연세한국어 **어휘와 문법 1**>에서 공부한 내용을 주제와 관련해서 말해 볼 수 있는 말하기 연습으로 구성되어 있다. 초급 학습자들의 흥미를 끌고 실제성을 높일 수 있도록 목표 말하기 상황이 드러나는 삽화를 제시했다. 또한 학습자들의 이해를 돕기 위해서 연습마다 전형적인 대화의 예시를 <보기>로 제시했다.

09 '써 봅시다'는 '쓰고 발표하십시오, 이야기하고 쓰십시오'와 같이 말하기 활동과 쓰기 활동을 연계한 연습으로 구성되어 있다. 말하기 연습의 대화뿐만 아니라 쓰기 연습의 예시도 <보기>로 제시해서 학습자들에게 도움을 주고자 했다.

10 '복습'은 3개의 연습으로 구성되어 있다. 앞선 2개 과에서 배운 어휘와 문법, 주제를 통합해서 길게 말하고 쓸 수 있는 연습으로 구성되어 있다.

11 '문화'는 한국의 문화를 소개하고 관련된 한국어 표현을 제시해서 학습자들이 활용할 수 있도록 구성했다.

12 모든 연습은 학습자들이 자신의 한국어 능력 수준에 맞춰 다양하게 표현할 수 있도록 정답이 하나가 아닌 열려 있는 질문으로 구성했다. 또한 자신의 상황으로 확장해서 연습할 수 있도록 일반적이고 전형적인 상황을 제시했다.

13 새로 나온 어휘는 해당 페이지의 하단에 제시했다. 또한 부록에 새로 나온 모든 어휘의 목록과 해당 어휘가 사용된 항을 제시해서 학습에 도움을 주고자 했다.

단원구성

과	제목	학습목표	표현	문화
11과 약속	1. 경치가 아름다우니까 남산에 갈까요?	약속 시간과 장소를 정할 수 있다	-은 후에 -으니까	호칭
	2. 제가 영화표가 있는데 같이 극장에 갈까요?	만나서 무엇을 할지 제안할 수 있다	-는데 이나	
12과 가족	1. 어머니께서 신문을 읽으십니다	존대어를 사용해서 이야기할 수 있다	-으시- 께서	
	2. 어머니는 노래 부르기를 좋아하세요	가족이 좋아하는 일을 설명할 수 있다	-으세요[1] -으세요[2]	
13과 쇼핑	1. 이것보다 큰 가방을 사고 싶어요	사물을 비교해서 말할 수 있다	-은[1] 보다	생일
	2. 이 사과 한 개에 얼마예요?	물건을 고르고 사는 상황에서 이야기할 수 있다	-는 에[2]	
14과 생일	1. 가족들에게 줄 선물을 샀어요	물건의 용도를 설명할 수 있다	에게(한테/께) -을	
	2. 우리가 먹은 음식은 불고기였어요	생일에 한 일을 설명할 수 있다	-은[2] 르 동사	
15과 전화	1. 저에게 전화해 주세요	부탁하고 싶은 것을 설명할 수 있다	-지요? -어 주다	한국인의 전화예절
	2. 지금 전화 받을 수 있어요?	전화로 이야기할 수 있다	에게서(한테서) -을 수 있다	

과	제목	학습목표	표현	문화
16과 교통	1. 서울에서 전주까지 기차로 2시간쯤 걸려요	교통수단과 걸리는 시간을 이야기할 수 있다	으로[1] 에서 까지	한국인의 전화 예절
	2. 지하철을 갈아타야 해요	해야 하는 일에 대해서 이야기할 수 있다	-어야 하다 마다	
17과 길 찾기	1. 20m쯤 가면 화장실이 있어요	건물 내 장소의 위치와 방향을 설명할 수 있다	으로[2] -으면	한국의 도로명
	2. 횡단보도를 건너서 왼쪽으로 5분쯤 가세요	지도를 보고 길을 묻고 대답할 수 있다	-요? -어서[2]	
18과 날씨와 계절	1. 날씨가 좋군요	날씨에 대해서 이야기할 수 있다	-는군요 -을 것 같다	
	2. 날씨가 따뜻한 것 같아요	계절에 대해서 이야기할 수 있다	-는 것 같다 -으면서	
19과 여행	1. 저는 이번 방학에 한국에서 여행을 하려고 해요	여행 계획을 이야기할 수 있다	-으려고 하다 -는 게 어때요?	한국의 명절
	2. 흐엉 씨는 지금 면세점에서 쇼핑하고 있어요	여행 준비에 대해서 이야기 할 수 있다	-고 있다 못	
20과 방학과 휴일	1. 저는 방학에 중국에 가겠습니다	방학에 할 일을 이야기할 수 있다	-기 전에 -겠다[1]	
	2. 경치가 아름답지 않아요?	휴일에 대해서 이야기할 수 있다	-지 않아요? -고요	

차례

등장인물 | Main characters

에릭 파커
- 미국
- 어학당 학생
- 한국전자 직원

존 카마우
- 케냐
- 어학당 학생
- 교환학생

사토 유키
- 일본
- 어학당 학생
- 기자

리타오
- 중국
- 어학당 학생
- 대학 입학 예정자

노라 한슨
- 노르웨이
- 어학당 학생
- 대학원 입학 예정자

최주앙
- 브라질
- 어학당 학생
- 대학 휴학생

응웬 흐엉
- 베트남
- 어학당 학생

레오 마르탱
- 프랑스
- 어학당 학생
- 요리사

올리비아 스미스
- 호주
- 어학당 학생
- 외교관

이윤아
- 한국
- 대학생

정하늘
- 한국
- 대학생

김우진
- 한국
- 한국전자 직원

새 연세한국어

말하기와 쓰기 1-2

11과 약속

1. 경치가 아름다우니까 남산에 갈까요?

• 학습목표: 약속 시간과 장소를 정할 수 있다.

Ⅰ. 준비해 봅시다

- 이 사람들은 언제 어디에서 만납니까?
- 여러분은 오늘 약속이 있습니까?

이야기해 봅시다

1 보기 와 같이 친구와 이야기하십시오.

보기

유키: 에릭 씨, 지난 금요일 오후에 뭘 했어요?

에릭: 회사 일이 끝난 후에 식당에서 저녁을 먹었어요.

유키: 저녁을 먹은 후에 뭘 했어요?

에릭: 저녁을 먹은 후에 책을 사러 서점에 갔어요.

유키: 책을 산 후에 뭘 했어요?

에릭: 책을 산 후에 집에 갔어요.

금요일

2 그림을 보고 보기 와 같이 친구들과 이야기하십시오.

보기

에　릭: 우리 어디에 놀러 갈까요?

유　키: 경치가 아름다우니까 남산에 갈까요?

리타오: 남산도 좋지만 롯데월드가 재미있으니까 롯데월드에 갑시다.

에　릭: 유키 씨, 롯데월드는 어떻습니까?

유　키: 롯데월드도 좋아요.

리타오: 그럼 롯데월드에 갑시다.

식사하다

III. 써 봅시다

1 표를 보고 보기 와 같이 이야기하십시오.

약속	시간	장소
영화를 보고 점심을 먹습니다	이번 토요일 오전 10시	극장 앞
쇼핑을 하고 노래방에 갑니다	내일 오후 2시	우리 집 앞
테니스를 치고 맥주를 마십니다	이번 금요일 오후 3시	학교 테니스장

보기

에릭: 유키 씨, 언제 영화를 볼까요?
유키: 이번 토요일에 시간이 있으니까 토요일에 영화를 봅시다.
에릭: 그럼, 몇 시에 만날까요?
유키: 제가 오후에 아르바이트가 있으니까 오전 10시에 만납시다.
에릭: 좋아요. 어디에서 만날까요?
유키: 극장 안이 복잡하니까 극장 앞에서 만납시다.
에릭: 영화를 본 후에 점심을 먹을까요?
유키: 네, 영화를 본 후에 같이 점심을 먹읍시다.

2 약속에 대해서 보기 와 같이 쓰고 발표하십시오.

보기

저는 이번 토요일에 친구하고 약속이 있어요.
약속 시간은 10시이고 약속 장소는 극장 앞이에요.
극장 안이 복잡해서 우리는 극장 앞에서 만날 거예요.
제가 오후에 아르바이트가 있어서 오전에 만날 거예요.
우리는 같이 영화를 볼 거예요.
영화를 **본 후에** 같이 점심을 먹을 거예요.

약속　테니스를 치다　테니스장　복잡하다

11과

약속

2. 제가 영화표가 있는데 같이 극장에 갈까요?

• 학습목표: 만나서 무엇을 할지 제안할 수 있다.

Ⅰ. 준비해 봅시다

- 사람들이 무엇을 합니까?
- 여러분은 어디에서 친구를 만납니까?

이야기해 봅시다

1 그림을 보고 보기 와 같이 이야기하십시오.

제가 영화표가 있어요.

내일 시험이 있어요.

제가 콘서트 표를 예매했어요.

배가 고파요.

날씨가 더워요.

제가 옷을 사고 싶어요.

보기

마크: 리나 씨, 오후에 약속이 있어요?
리나: 아니요, 약속이 없어요.
마크: 제가 영화표가 있는데 같이 극장에 갈까요?
리나: 네, 좋아요. 같이 극장에 가요.

시험 배가 고프다 옷

2 그림을 보고 보기 와 같이 이야기하십시오.

보기

마크: 리나 씨, 주말에 뭘 할 거예요?
리나: 저는 서울을 구경할 거예요.
마크: 그래요? 어디에 갈 거예요?
리나: 경복궁이나 덕수궁에 갈 거예요.
마크: 서울을 구경한 후에 한국 음식도 먹을 거예요?
리나: 네, 불고기나 삼계탕을 먹을 거예요.
마크: 저도 서울을 구경하고 싶은데 같이 갈까요?
리나: 네, 좋아요. 같이 갑시다.

관악산　덕수궁　청계천　엔(N)서울타워　서울 어린이대공원　올림픽공원
서울미술관　대한민국 역사박물관

III. 써 봅시다

고향 친구가 쓴 이메일을 읽고 보기 와 같이 답장을 쓰십시오.

보기

YONSEI EMAIL

답장 쓰기 | 보내기 | 미리보기 | 임시저장

제목: 미카입니다.

리나 씨! 안녕하세요?
저는 다음 주말에 서울에 갈 거예요. 리나 씨, 다음 주말에 시간이 있어요?
리나 씨하고 같이 서울을 구경하고 싶어요. 서울은 어디가 좋아요? 무슨 음식이 맛있어요?
빨리 서울에 가고 싶어요. 리나 씨도 보고 싶어요.
그럼 다음 주말에 만나요.

일본에서 미카

YONSEI EMAIL

답장 쓰기 | 보내기 | 미리보기 | 임시저장

제목: 리나입니다.

미카 씨! 안녕하세요?
저는 이번 주에 시험이 끝나서 다음 주말에 시간이 많아요.
저도 미카 씨하고 같이 서울을 구경하고 싶어요. 경복궁이 **아름다운데** 같이 경복궁에 갈까요?
그리고 미카 씨는 한식을 좋아하니까 삼계탕**이나** 불고기를 먹읍시다.
미카 씨! 빨리 보고 싶어요. 그럼 다음 주말에 만나요.

서울에서 리나

연습하기

YONSEI EMAIL

답장 쓰기 | 보내기 | 미리보기 | 임시저장

제목:

12과

가족

1. 어머니께서 신문을 읽으십니다

• 학습목표: 존대어를 사용해서 이야기할 수 있다.

Ⅰ. 준비해 봅시다

- 하늘 씨가 누구와 같이 있습니까?
- 여러분 가족이 어디에 있습니까?

이야기해 봅시다

1 보기 와 같이 친구와 이야기하십시오.

보기

에릭: 유키 씨, 무엇을 읽으십니까?

유키: 저는 교과서를 읽습니다.

에릭: 어머니께서 무엇을 읽으십니까?

유키: 어머니께서 신문을 읽으십니다.

어머니

2 그림을 보고 보기 와 같이 이야기하십시오.

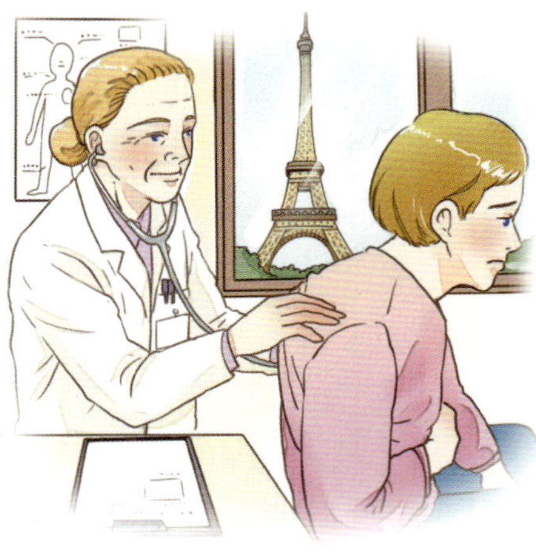

보기

마크: 리나 씨, 아버지께서 고향에 계십니까?

리나: 아니요, 아버지께서 한국에 계십니다.

마크: 아버지께서 무슨 일을 하십니까?

리나: 아버지께서 선생님이십니다. 학교에서 영어를 가르치십니다.

아버지 계시다 여행사

III. 써 봅시다

보기 와 같이 메모하고 여러분의 가족을 소개하십시오.

보기

이분은 제 할아버지**이십니다**. 할아버지 고향은 미국 뉴욕입니다. 지금 할아버지**께서** 할머니와 같이 한국 부산에 사**십니다**.
요즘 할아버지**께서** 학교에서 한국어를 배우**십니다**. 미국 사람이지만 한국말을 잘하**십니다**. 할아버지**께서** 한국 노래를 좋아하**셔서** 노래방에 자주 가**십니다**. 그리고 할아버지**께서** 운동도 좋아**하십니다**. 겨울에 스노보드를 타**십니다**.

연습하기

할아버지　할머니　겨울　스노보드

12과 가족

2. 어머니는 노래 부르기를 좋아하세요

• 학습목표: 가족이 좋아하는 일을 설명할 수 있다.

Ⅰ. 준비해 봅시다

- 하늘 씨 가족이 무엇을 합니까?
- 여러분 가족은 주말 아침에 무엇을 합니까?

이야기해 봅시다 **1** 보기 와 같이 이야기하십시오.

보기

유키: 에릭 씨 아버지는 뭘 좋아하세요?

에릭: 아버지는 골프를 좋아하세요. 아버지는 자주 골프장에 가세요.

유키: 에릭 씨 어머니는 뭘 좋아하세요?

에릭: 어머니는 노래 부르기를 좋아하세요.
일요일 아침마다 노래를 부르세요.

유키: 에릭 씨 할머니는 뭘 자주 하세요?

에릭: 할머니는 책 읽기를 좋아하셔서 소설책을 자주 읽으세요.

골프 골프장 노래 부르기 아침 책 읽기 소설책

2 여러분의 가족은 무엇을 좋아합니까? 보기 와 같이 이야기하십시오.

보기

우리 가족은 아버지, 어머니, 오빠, 저 4명이에요.
아버지는 등산을 좋아하세요. 아버지는 어머니하고 같이 자주 등산을 하세요. 어머니도 등산을 좋아하세요.
그리고 어머니는 요리도 좋아하세요.
어머니는 한식을 자주 만드세요. 중국 음식도 가끔 만드세요. 어머니는 요리를 잘하세요.
오빠는 그림 그리기를 좋아해요. 오빠는 그림 그리기를 좋아하지만 잘 그리지 못해요.
저는 사진 찍기를 좋아해요. 주말에 산이나 강에 사진을 찍으러 가요.

오빠 그림 그리기 그리다 사진 찍기 강 사진 찍다

III. 써 봅시다

보기 와 같이 가족에게 이메일을 쓰고 발표하십시오.

보기

YONSEI EMAIL

답장 쓰기 | 보내기 | 미리보기 | 임시저장

제목: 이윤아예요.

할아버지, 안녕하세요? 저는 윤아예요.
서울 생활은 재미있어요.
할아버지, 요즘도 담배를 많이 피우**세요**? 담배를 피우지 마**세요**.
술도 많이 마시지 마**세요**.
날마다 30분쯤 운동을 하**세요**.
빨리 할아버지를 만나고 싶어요.
안녕히 계**세요**.

이윤아 드림

연습하기

YONSEI EMAIL

답장 쓰기 | 보내기 | 미리보기 | 임시저장

제목

담배　피우다　술　안녕히 계세요

복습 11-12과

1 그림을 보고 보기 와 같이 친구와 이야기하십시오.

보기

유키: 내일 부모님께서 한국에 오세요.
그래서 부모님과 같이 한식을 먹으러 갈 거예요.
어디가 좋아요?

노라: 부모님께서 무슨 음식을 좋아하세요?

유키: 두 분이 모두 갈비를 좋아하세요.

노라: 서울 식당이 갈비가 맛있는데 거기에 가세요.

식사 부모님 갈비 거기

2 보기와 같이 친구와 이야기하십시오.

보기

유키: 에릭 씨, 미안하지만 내일 약속을 지키지 못해요.

에릭: 왜요?

유키: 내일 고향에서 부모님께서 오세요.

에릭: 그럼 약속 시간을 바꿀까요?

유키: 네, 고마워요. 언제가 좋아요?

에릭: 다음 주 토요일이 어때요?

유키: 좋아요. 저도 다음 주 토요일에 한가하니까 그 날 만납시다.

에릭: 몇 시에 만날까요?

유키: 아침 10시나 11시에 만납시다.

에릭: 그럼 10시에 만납시다. 영화를 본 후에 같이 점심도 먹어요.

다음 주　미안하다　약속을 지키다　바꾸다　한가하다

3 다음 질문으로 친구와 이야기한 후에 보기 와 같이 쓰고 발표하십시오.

- ＿＿＿ 씨, 가족들이 어디에 계세요?
- 가족이 모두 몇 명이에요?
- 할아버지, 할머니가 계세요?
- 가족들이 무슨 일을 하세요?
- 가족들이 무슨 음식을 좋아하세요?
- 가족들 취미가 뭐예요?
- 한국 생활이 어때요?
- 언제 가족을 만나러 갈 거예요?

보기

우리 가족은 일본 오사카에 삽니다.
우리 가족은 부모님, 언니, 저 모두 네 명이에요.
할머니와 할아버지는 안 계십니다.
아버지는 회사원이시고 어머니는 주부이십니다.
언니하고 저는 대학생입니다.
우리 가족은 모두 생선을 좋아해서 어머니가 생선 요리를 자주 하십니다.
아버지는 운동을 좋아하시고 어머니는 노래 부르기를 좋아하십니다.
저는 지금 한국에서 한국말을 공부합니다.
학교생활이 재미있습니다.
이번 학기가 끝난 후에 가족을 만나러 고향에 갈 거예요.

명　취미　주부　대학생　학기

문화

호칭

한국어에는 상대방을 부르는 호칭이 여러 가지 있습니다. 친구는 보통 '**하늘아**', '**윤아야**'와 같이 이름으로 부릅니다. 직장에서 윗사람은 '**사장님, 부장님**'과 같이 직위로 부르고 아랫사람은 보통 '**정하늘 씨**'라고 이름을 부릅니다. 학교나 직장에서 선배에게는 '**선배님**'이나 '**형, 오빠, 누나, 언니**' 같은 가족 호칭을 쓰기도 합니다. 그리고 결혼한 여자에게는 '**아주머니**', 결혼한 남자에게는 '**아저씨**'라고 부릅니다.

13과

쇼핑

1. 이것보다 큰 가방을 사고 싶어요

• 학습목표: 사물을 비교해서 말할 수 있다.

I. 준비해 봅시다

- 여기가 어디입니까?
- 여러분은 보통 어디에서 쇼핑합니까?

이야기해 봅시다

1 표에 메모하고 보기 와 같이 이야기하십시오.

사고 싶은 옷	값이 싸고 예쁜 티셔츠
사고 싶은 신발	편하고 가벼운 운동화
사고 싶은 가방	
먹고 싶은 음식	
가고 싶은 커피숍	
보고 싶은 영화	

보기

유키: 어떤 옷을 사고 싶어요?

노라: 저는 값이 싸고 예쁜 옷을 사고 싶어요.

예쁘다 티셔츠 신발 편하다 가볍다 운동화 어떤

2 그림을 보고 보기 와 같이 이야기하십시오.

109,000원

39,000원

75,000원

99,000원

110,000원

150,000원

54,000원

137,000원

89,500원

보기

유키: 노라 씨, 이 가방이 어때요? 이 가방은 값이 싸고 가벼워요.

노라: 값이 싸지만 좀 작아요. 저는 큰 가방을 사고 싶어요.

유키: 그럼 저 가방은 어때요?
이 가방보다 값이 좀 비싸지만 크고 주머니가 많아요.

노라: 좋아요. 아주머니, 저 가방을 주세요.

저　비싸다　주머니　아주머니

Ⅲ. 써 봅시다

여러분은 어디에서 쇼핑합니까? 보기 와 같이 친구와 이야기하십시오.

보기

노라: 유키 씨, 보통 어디에서 쇼핑을 하세요?

유키: 저는 보통 명동에서 쇼핑을 해요.

노라: 왜 거기에서 쇼핑을 하세요?

유키: 강남보다 값이 싸고 여러 가지 가게가 많아요.
그리고 맛있는 음식도 많아서 쇼핑하기가 좋아요.

노라: 거기에서 뭘 사셨어요?

유키: 짧은 치마와 긴 바지를 샀어요.

쇼핑에 대해서 보기 와 같이 쓰고 발표하십시오.

보기

저는 보통 명동에서 쇼핑을 합니다. 강남**보다** 값이 싸고 여러 가지 가게가 많습니다. 그리고 맛있**는** 음식도 많아서 쇼핑하기가 좋습니다.
지난주에 명동에서 짧**은** 치마와 **긴** 바지를 샀습니다.
치마는 29,000원, 바지는 35,000원이었습니다.

여러 가지　가게　지난주　짧다　치마　길다　바지

13과 쇼핑

2. 이 사과 한 개에 얼마예요?

• 학습목표: 물건을 고르고 사는 상황에서 이야기할 수 있다.

Ⅰ. 준비해 봅시다

- 이 사람들이 무슨 이야기를 합니까?
- 여러분은 가게에서 무엇을 묻습니까?

이야기해 봅시다

1 다음 쇼핑 목록을 보고 보기 와 같이 이야기하십시오.

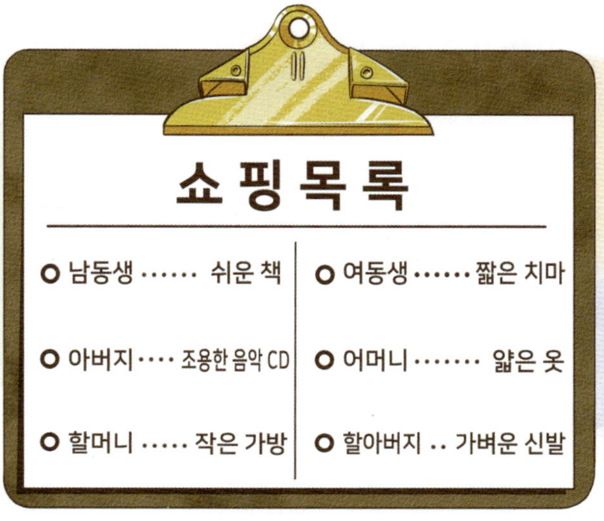

보기

주인: 뭘 찾으세요?

손님: 남자 아이들이 많이 읽는 책이 뭐예요?

주인: 남자 아이들은 이 책을 많이 읽어요.

손님 : 이것보다 쉬운 책은 없어요?

주인: 있습니다. 잠깐 기다리세요.

목록 여동생 남동생 음악 CD 얇다 주인 손님 남자 아이들 잠깐

2 그림을 보고 보기 와 같이 이야기하십시오.

보기

주인: 어서 오세요.

손님: 아주머니, 사과 있어요?

주인: 네, 여기 있어요.

손님: 이 사과 한 개에 얼마예요?

주인: 한 개에 1,500원이에요.

손님: 좀 비싸요.

주인: 이건 비싸지만 정말 맛있는 사과예요.

손님: 그래요? 그럼 다섯 개 주세요.

사과 배 귤 감 코트 어서 개 정말

III. 써 봅시다

그림을 보고 보기 와 같이 말하고 이야기를 완성하십시오.

보기

리나: 오늘 친구와 같이 시장에 갔어요.
마크: 시장이 어땠어요?
리나: 가게도 많고 물건을 사는 사람도 많았어요.
마크: 시장에서 뭘 샀어요?
리나: 저는 호떡을 2개 샀어요.
마크: 호떡이 얼마였어요?
리나: 한 개에 1,000원이었어요.

연습하기

오늘 저는 친구와 같이 시장에 갔습니다. 가게도 많고 물건을 **사는** 사람도 많았습니다. 호떡을 **만드는** 가게도 있었습니다. 호떡은 한 **개에** 1,000원이었습니다. 저는 호떡을 2개 먹었습니다. 시장에서 **먹는** 호떡은 정말 맛있습니다. 그리고

호떡

14과

생일

1. 가족들에게 줄 선물을 샀어요

• 학습목표: 물건의 용도를 설명할 수 있다.

Ⅰ. 준비해 봅시다

- 사람들이 무엇을 합니까?
- 여러분은 생일에 무슨 선물을 받고 싶습니까?

이야기해 봅시다

1 보기 와 같이 이야기하십시오.

스키장에서 쓸 거예요	내일 아침에 먹을 거예요	여자 친구에게 줄 거예요
동생 생일에 먹을 거예요	비행기에서 읽을 거예요	친구 생일 파티에서 입을 거예요

보기

마크: 흐엉 씨, 오늘 무엇을 했어요?
흐엉: 저는 오늘 백화점에 갔어요.
마크: 백화점에서 뭘 샀어요?
흐엉: 동생 생일에 먹을 케이크를 샀어요.

쓰다 비행기 입다 오늘 케이크

2 보기 와 같이 이야기하십시오.

보기

에릭: 유키 씨, **다음 주에** 고향에 갈 거예요?

유키: 네, **다음 주에** 고향에 갈 거예요.

그래서 오늘 가족들에게 줄 선물을 샀어요.

에릭: 와, 선물이 많아요.

여동생에게 **줄** 선물이 뭐예요?

유키: **여동생**에게 **줄** 선물은 이 **치마**예요.

에릭: **치마**가 아주 **예뻐**요.

III. 써 봅시다

친구 생일 파티를 준비합니다. 보기 와 같이 이야기하십시오.

	흐엉 씨 생일 파티	생일 파티
파티를 준비할 사람	에릭, 리타오	
먹을 것	피자, 떡볶이, 치킨	
마실 것	술, 주스	
같이 볼 영화 / 같이 할 게임 / 같이 들을 음악…	7번방의 선물	

보기

에릭: 유키 씨, 내일이 흐엉 씨 생일이에요.
오늘 저와 리타오 씨가 흐엉 씨 생일 파티를 준비할 거예요.
유키 씨도 파티에 오세요.
유키: 준비할 것이 많아요?
에릭: 네, 먹을 것하고 마실 것을 살 거예요.
그리고 같이 볼 영화를 준비할 거예요.
유키: 무엇을 먹을 거예요?
에릭: 피자와 떡볶이와 치킨을 먹을 거예요.
그리고 술과 주스도 마실 거예요.
유키: 같이 볼 영화는 뭐예요?
에릭: 같이 볼 영화는 '7번방의 선물'이에요.

보기 와 같이 쓰고 발표하십시오.

보기

내일은 흐엉 씨 생일이에요. 저와 리타오 씨가 흐엉 씨 생일 파티를 준비할 거예요. 생일 파티에 유키 씨, 노라 씨, 존 씨, 주앙 씨가 올 거예요. **준비할** 것이 많아요. 우리는 내일 오전에 백화점에서 **먹을** 것과 **마실** 것을 살 거예요. 그리고 파티에서 같이 **볼** 영화도 준비했어요. '7번방의 선물'을 볼 거예요. **준비할** 것이 많지만 힘들지 않아요. 내일 친구들과 같이 재미있는 시간을 보낼 거예요.

영화 주스 보내다

14과 생일

2. 우리가 먹은 음식은 불고기였어요

• 학습목표: 생일에 한 일을 설명할 수 있다.

Ⅰ. 준비해 봅시다

- 오늘이 무슨 날이에요?
- 여러분은 생일에 무엇을 했어요?

이야기해 봅시다

1 보기 와 같이 이야기하십시오.

보기

마크: 윤아 씨, 생일에 뭘 했어요?

윤아: 케이크를 먹었어요.

마크: 그날 먹은 케이크가 어땠어요?

윤아: 그날 먹은 케이크가 정말 맛있었어요.

그날

2 그림을 보고 쓰십시오. 여러분은 가족의 생일에 무엇을 했습니까? 보기 와 같이 친구와 이야기하십시오.

보기

에 릭: 리타오 씨, 지난 어머니 생신에 무엇을 했어요?
리타오: 가족들하고 파티를 했어요.
에 릭: 그래요? 무엇을 준비했어요?
리타오: 선물하고 케이크를 샀어요. 그리고 생일 카드를 쓰고 꽃도 준비했어요.
에 릭: 누가 선물을 골랐어요?
리타오: 제가 선물을 ______었어요/았어요/였어요.
케이크는 아버지께서 ______었어요/았어요/였어요.
에 릭: 파티에서 무엇을 했어요?
리타오: 가족들이 생일 노래를 ______었어요/았어요/였어요.
그리고 어머니께서 케이크를 ______었어요/았어요/였어요.
에 릭: 중국에서 생일에 뭘 먹어요?
먹는 음식이 한국과 ______어요/아요/여요?
리타오: 네, 한국 사람들은 생일에 미역국을 먹지만 중국 사람들은 생일에 국수를 먹어요.

생신　카드　고르다　미역국　국수

Ⅲ. 써 봅시다

여러분의 생일에 무엇을 했습니까? 보기 와 같이 이야기하십시오.

보기

에릭: 유키 씨, 생일에 뭘 했어요?
유키: 친구들하고 영화관에 갔어요.
에릭: 그날 본 영화가 뭐였어요?
유키: 우리가 본 영화는 '사랑'이었어요. 영화가 슬프지만 재미있었어요.
에릭: 무슨 음식을 먹었어요?
유키: 우리가 먹은 음식은 불고기였어요. 조금 짜지만 맛있었어요.
에릭: 유키 씨는 무슨 선물을 받았어요?
유키: 제가 받은 선물은 귀여운 모자였어요.

보기 와 같이 쓰고 발표하십시오.

보기

저는 생일에 친구들하고 영화관에 갔어요. 그날 **본** 영화는 '사랑'이었어요.
영화가 슬프지만 재미있었어요. 다음에는 슬프지 않은 영화를 보고 싶어요.
그날 먹**은** 음식은 불고기였어요. 조금 짜지만 맛있었어요.
친구들이 저에게 생일 선물을 줬어요. 그날 받**은** 선물은 귀여운 모자였어요.
기분이 좋았어요.

영화관 슬프다 귀엽다

복습 13-14과

1 보기 와 같이 이야기하십시오.

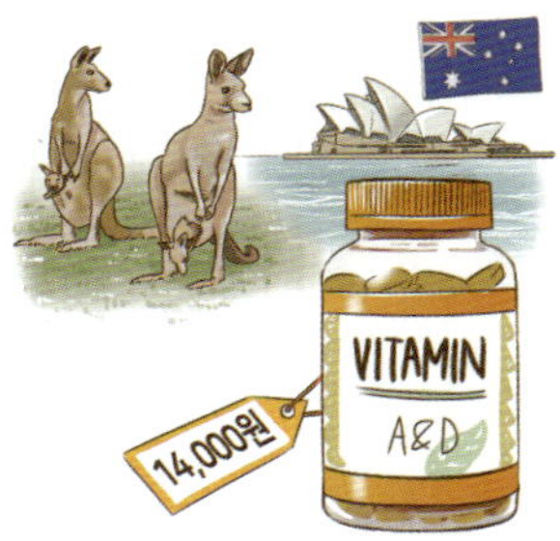

보기

에릭: 흐엉 씨, 일본 여행이 어땠어요?

흐엉: 정말 재미있었어요. 사진을 많이 찍고 쇼핑도 했어요.

에릭: 무엇을 샀어요?

흐엉: 연필을 샀어요. 일본이 한국보다 연필이 싸요.

에릭: 그래요? 그 연필이 한 자루에 얼마예요?

흐엉: 이 연필은 한 자루에 1,500원이에요.

많이 자루

2 그림을 보고 보기 와 같이 쓰고 발표하십시오.

보기

왼쪽에 있는 큰 집이 에릭 씨 집이에요. 신문을 읽는 사람이 에릭 씨예요. 에릭 씨 집에는 좋은 그림이 많아요. 예쁜 꽃도 많아요. 집 앞에 있는 작은 자동차가 에릭 씨 자동차예요. 빨간색 티셔츠를 입은 사람이 에릭 씨 아버지예요.

연습하기

오른쪽에 있는 ____________

왼쪽 그림 자동차 빨간색 오른쪽

3 다음 질문으로 친구와 이야기하십시오. 그리고 보기 와 같이 쓰고 발표하십시오.

- 언제 고향에 갈 거예요?
- 고향에서 하고 싶은 일이 뭐예요?
- 가족들에게 주고 싶은 선물이 뭐예요?
- 어디에서 선물을 살 거예요?

- 언제 선물을 사러 갈 거예요?
- 왜 그 선물을 사고 싶어요?

보기

저는 다음 주 일요일에 고향에 갈 거예요. 어머니께서 만드신 고향 음식을 먹고 싶어요. 저는 내일 가족들에게 줄 선물을 사러 동대문 시장에 갈 거예요. 동대문시장에 싸고 좋은 물건이 많아요. 어머니와 할머니께 드릴 선물은 화장품이에요. 한국이 제 고향보다 화장품이 싸서 좋아요. 동생에게 한국 과자를 줄 거예요. 한국 과자가 달고 맛있어요.

문화

생일

다른 사람의 생일을 물어볼 때는 '**생일이 언제예요?**', '**생일이 몇 월 며칠이에요?**' 하고 질문합니다. 그리고, '**제 생일은 _월 _일이에요.**' 라고 대답합니다.
한국 사람들은 다른 사람의 생일에 '**생일을 축하합니다.**', '**생일을 축하해요.**' 라고 이야기합니다.
윗 사람의 생일에는 '**생신을 축하드립니다.**', '**생신을 축하드려요.**' 라고 이야기합니다.
생일날 아침에는 미역국을 먹는데 이것은 어머니에 대한 감사를 의미합니다. 한국에서는 엄마들이 아이를 낳은 후에 건강을 회복하기 위해서 미역국을 먹기 때문입니다.

15과 전화

1. 저에게 전화해 주세요

• 학습목표: 부탁하고 싶은 것을 설명할 수 있다.

Ⅰ. 준비해 봅시다

- 이 사람이 쓴 전화번호는 몇 번입니까?
- 여러분은 누구에게 자주 전화를 합니까?

이야기해 봅시다

1 표를 보고 보기 와 같이 친구와 이야기하십시오.

이름	전화번호 / 이메일 주소
어학당 사무실	02) 2123-3465
기숙사 사무실	02) 2134-4768
이순신 선생님	010-6356-8109 / lss@yonsei.ac.kr
에릭	010-3468-0519 / Eric1123@gmail.com
이윤아	010-2267-3549 / starlee@hanmail.net

보기

흐엉: 유키 씨, 이순신 선생님 이메일 주소를 알지요?
유키: 네, 알아요. 가르쳐 드릴까요?
흐엉: 좀 가르쳐 주세요.
유키: lss@yonsei.ac.kr예요.

이메일　주소

2 계획표를 보고 보기 와 같이 이야기하십시오.

월	화	수	목	금	토
학생 음악회	요리 수업	반 친구들과 점심 약속	태권도 수업	흐엉 씨 생일 파티	마크 씨 결혼식

보기

에릭: 여보세요? 유키 씨, 저 에릭이에요.

유키: 에릭 씨, 무슨 일이에요?

에릭: 이번 수요일에 우리 반 친구들과 점심 약속이 있지요?

유키: 네, 그래요.

에릭: 미안하지만 저는 수요일에 바쁜 일이 있어서 가지 못해요.
친구들에게 말해 주세요.

유키: 아, 그래요? 알았어요.

에릭: 그럼 학교에서 봐요.

수업 수요일

III. 써 봅시다

보기 와 같이 친구와 이야기하십시오.

보기

에릭: 유키 씨, 안녕하세요?
유키: 아, 에릭 씨, 안녕하세요? 지금도 한국말을 공부하지요?
에릭: 네, 지금도 한국말을 공부해요. 유키 씨, 같이 커피 한 잔 할까요?
유키: 미안해요. 지금은 약속이 있어요.
에릭: 아, 그래요? 그럼 다음에 만날까요?
유키: 좋아요. 저에게 전화해 주세요.
에릭: 유키 씨 전화번호가 010-347-3100이지요?
유키: 아니에요. 지금은 010-2342-3100이에요.

보기 와 같이 친구에게 문자메시지를 보내십시오.

보기

15과 전화

2. 지금 전화 받을 수 있어요?

• 학습목표: 전화로 이야기할 수 있다.

Ⅰ. 준비해 봅시다

- 사람들이 무엇을 합니까?
- 여러분은 휴대전화를 자주 사용합니까?

이야기해 봅시다

1 그림을 보고 보기 와 같이 친구와 이야기하십시오.

보기

리나: 여보세요.

마크: 리나 씨, 저 마크예요. 지금 전화를 받을 수 있어요?

리나: 네, 괜찮아요. 말씀하세요.

마크: 저는 내일 수영하러 갈 거예요. 리나 씨도 같이 갈 수 있어요?

리나: 미안해요. 저는 내일 다른 약속이 있어서 같이 갈 수 없어요.

여보세요　받다　괜찮다　말씀하다

2 표를 보고 보기 와 같이 친구와 이야기하십시오.

전화 받은 곳	전화번호	들은 이야기
연세여행사	3124-7586	시험
서울은행	5513-7014	파티
세연병원	2012-3210	소풍
맛나식당	963-2746	반 모임
우리카페	781-8902	여행

보기

리 나: 여보세요. 거기 연세여행사이지요?
아저씨: 몇 번에 거셨어요?
리 나: 3124-7586 아니에요?
아저씨: 아닙니다. 전화 잘못 거셨어요.
리 나: 아, 죄송합니다.

- 다시 전화 -

수 현: 여보세요. 연세여행사입니다.
리 나: 김수현 씨 좀 바꿔 주세요.
수 현: 제가 김수현입니다. 누구십니까?
리 나: 수현 씨, 저 리나예요. 마크 씨한테서 전화를 받았어요?
수 현: 네, 어제 마크 씨한테서 전화를 받았어요.
시험 이야기를 들었어요.
리 나: 그럼, 우리 같이 시험 준비를 합시다.

잘못 걸다 다시 준비

Ⅲ. 써 봅시다

그림을 보고 보기 와 같이 친구에게 보내는 문자메시지를 쓰십시오.

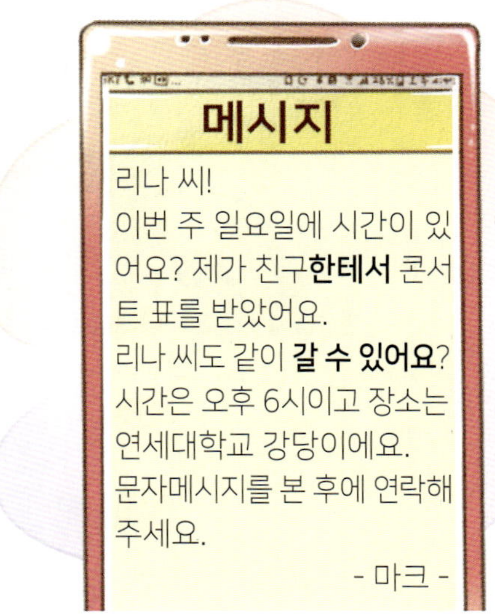

장소 문자메시지 연락하다

16과 교통

1. 서울에서 전주까지 기차로 2시간쯤 걸려요

• 학습목표: 교통수단과 걸리는 시간을 이야기할 수 있다.

Ⅰ. 준비해 봅시다

- 에릭 씨가 어디에 있습니까?
- 여러분은 기차를 타고 어디에 갔습니까?

이야기해 봅시다 1

보기 와 같이 이야기하십시오.

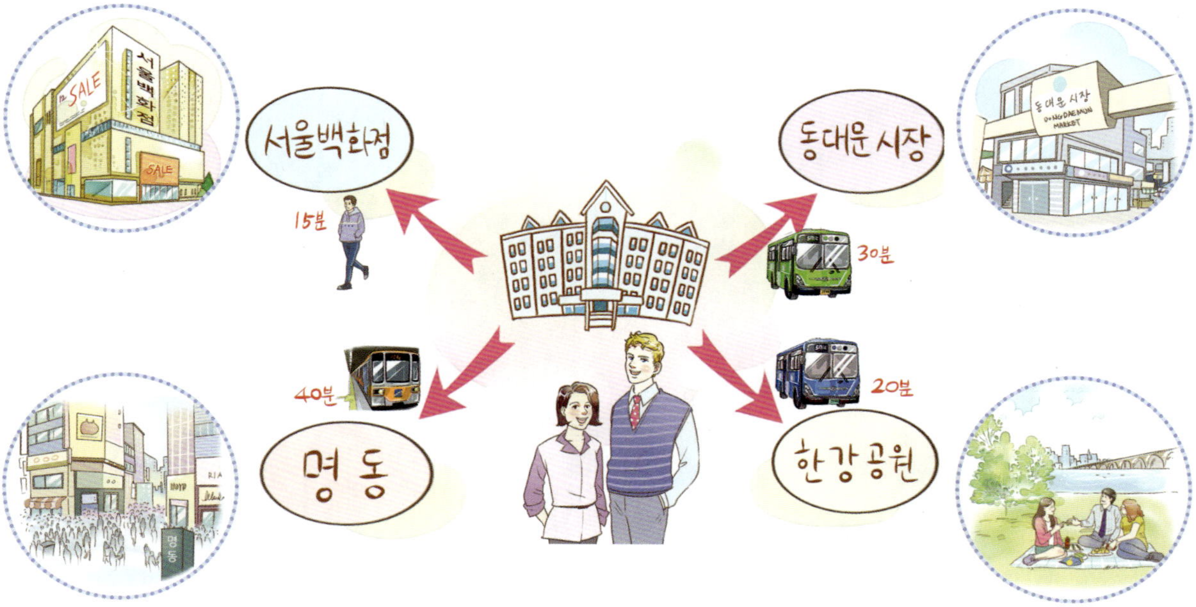

보기

에릭: 유키 씨, 액세서리를 사러 동대문시장에 같이 갈까요?

유키: 네, 그럽시다. 동대문시장까지 택시로 갈까요?

에릭: 아니요, 택시는 비싸니까 버스로 갑시다.

유키: 여기에서 동대문시장까지 버스로 얼마나 걸려요?

에릭: 여기에서 동대문시장까지 버스로 30분쯤 걸려요.

액세서리 택시 얼마나 걸리다

2 보기 와 같이 이야기하십시오.

보기

에릭: 유키 씨, 방학에 **이탈리아**에 가지요?

유키: 네, 저는 방학에 **이탈리아**에 가요.

에릭: 한국에서 **이탈리아**까지 비행기로 얼마나 걸려요?

유키: 12시간쯤 걸려요.

에릭: 이탈리아어를 할 수 있어요?

유키: 아니요, 저는 이탈리아어를 하지 못해요. 영어로 말할 거예요.

에릭: 이탈리아에서 무슨 음식을 먹을 거예요?

유키: 저는 **라자냐**를 먹고 싶어요.

에릭: **라자냐**는 무엇으로 만들어요?

유키: 치즈와 여러 가지 채소로 만들어요.

에릭: **라자냐**는 무엇으로 먹어요?

유키: 포크와 숟가락으로 먹어요.

방학　이탈리아어　라자냐　치즈　채소　포크　숟가락

III. 써 봅시다

여러분은 주말에 어디에 가고 싶습니까? 보기 와 같이 친구와 이야기 하십시오.

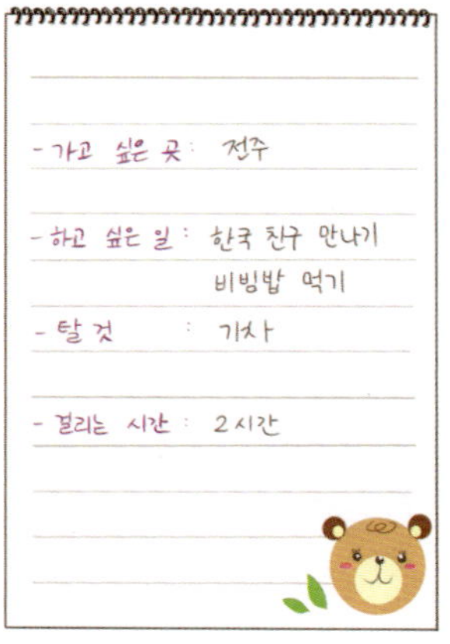

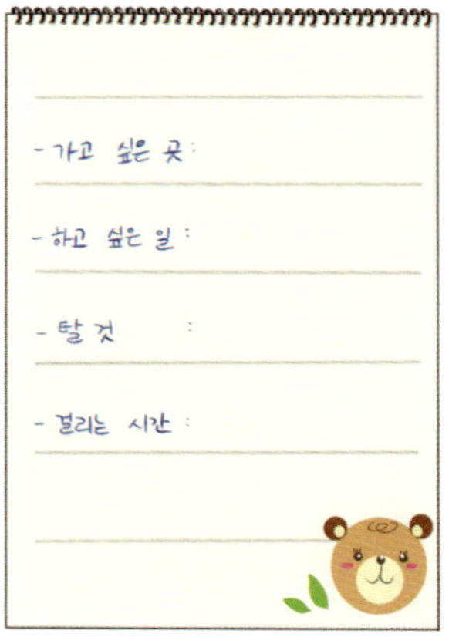

보기

에릭: 유키 씨, 주말에 가고 싶은 곳이 있어요?
유키: 저는 전주에 가고 싶어요.
에릭: 왜 전주에 가고 싶어요?
유키: 전주에 한국 친구가 살아요. 친구를 만나고 싶어요. 그리고 전주에서 비빔밥을 먹고 싶어요.
에릭: 서울에서 전주까지 몇 시간 걸려요?
유키: 서울에서 전주까지 기차로 2시간쯤 걸려요.
에릭: 기차표를 샀어요?
유키: 네, 인터넷으로 기차표를 예매했어요.

보기 와 같이 쓰고 발표하십시오.

보기

저는 주말에 전주에 가고 싶어요. 전주에 한국 친구가 살아요. 그 친구를 만나고 싶어요. 그리고 전주에서 비빔밥을 먹고 싶어요. 서울**에서** 전주**까지** 버스나 기차**로** 갈 수 있어요. 버스**로** 3시간쯤 걸려요. 기차**로** 2시간쯤 걸려요. 기차가 더 빠르니까 기차**로** 갈 거예요. 지난주에 인터넷**으로** 기차표를 예매했어요.

곳　전주　비빔밥　기차　인터넷　예매하다　더　빠르다

16과

교통

2. 지하철을 갈아타야 해요

• 학습목표: 해야 하는 일에 대해서 이야기할 수 있다.

Ⅰ. 준비해 봅시다

- 두 사람이 어디에 있어요?
- 여러분은 학교에 어떻게 와요?

이야기해 봅시다

1 보기 와 같이 이야기하십시오.

보기

흐엉: 존 씨, 담양에 놀러 갈까요?

존 : 네, 좋아요. 비행기로 갈 수 있어요?

흐엉: 아니요, 담양에 공항이 없으니까 기차나 버스를 타야 해요.

존 : 그럼 기차를 탑시다.
그런데 한 번에 갈 수 있어요?

흐엉: 아니요, 기차로 광주에 가요. 거기에서 버스로 갈아타야 해요.

담양　광주　남이섬　가평　갈아타다

2 그림을 보고 보기 와 같이 이야기하십시오.

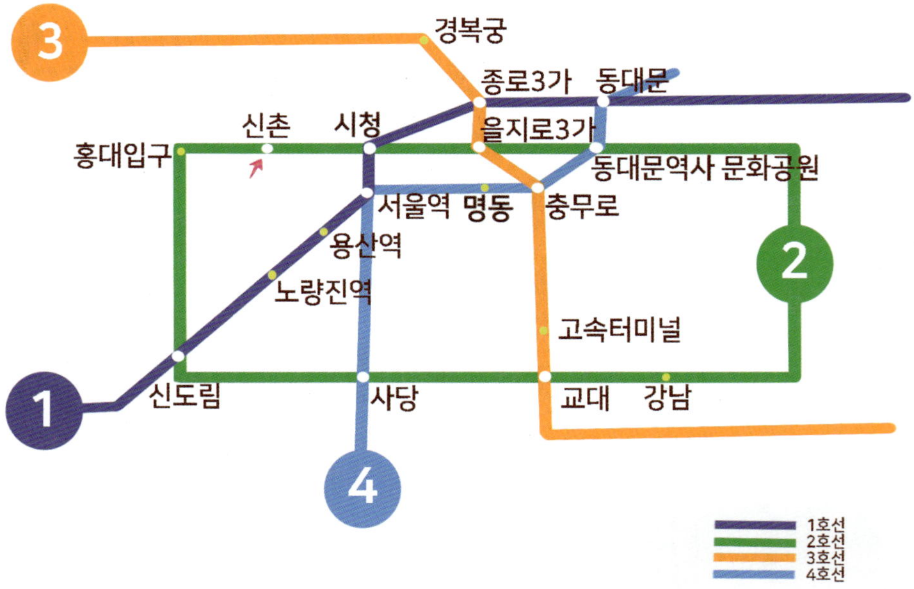

호선	지하철 시간
1호선	5:00, 5:10, 5:20, 5:30, 5:40, 5:50, 6:00, 6:10···
2호선	4:40, 4:43, 4:46, 4:49, 4:52, 4:55, 4:58, 5:01···
3호선	5:10, 5:16, 5:22, 5:28, 5:34, 5:40, 5:46, 5:52···
4호선	4:50, 4:55, 5:00, 5:05, 5:10, 5:15, 5:20, 5:25···

신촌역 → 명동역
경복궁역 → 시청역
강남역 → 서울역
홍대입구역 → 노량진역
용산역 → 고속터미널역

보기

에릭: 신촌에서 명동까지 지하철로 갈 수 있어요?
유키: 네, 지하철로 갈 수 있어요.
에릭: 지하철을 갈아타야 해요?
유키: 네. 지하철을 갈아타야 해요. 2호선을 타고 동대문역사문화공원역에서 내리세요. 거기에서 4호선으로 갈아타야 해요.
에릭: 4호선은 자주 와요?
유키: 네, 4호선은 5분마다 와요.

신촌역 명동역 경복궁역 시청역 강남역 홍대입구역 노량진역
용산역 지하철 호선 동대문역사문화공원역 내리다

III. 써 봅시다

보기 와 같이 이야기하십시오.

보기

존 : 주앙 씨, 고향에 어떻게 가요?
주앙: 비행기로 가요.
존 : 지금 사는 곳에서 공항까지 어떻게 가요?
주앙: 집 근처에서 공항버스를 타고 인천공항까지 가요.
존 : 공항버스가 자주 와요?
주앙: 네, 공항버스가 30분마다 와요.
존 : 서울에서 고향까지 한 번에 갈 수 있어요?
주앙: 아니요, 미국 로스앤젤레스에서 비행기를 갈아타야 해요.
존 : 서울에서 고향까지 비행기로 얼마나 걸려요?
주앙: 25시간쯤 걸려요.

보기 와 같이 쓰고 발표하십시오.

보기

제 고향은 브라질 리우데자네이루입니다.
서울에서 리우데자네이루까지 비행기로 갑니다. 집 근처에서 공항버스를 타고 인천공항에 갑니다. 공항버스는 자주 옵니다. 공항버스가 30분**마다** 옵니다.
인천공항에서 고향까지 가는 비행기는 자주 출발하지 않습니다. 비행기가 10시간**마다** 있습니다.
인천공항에서 제 고향까지 한 번에 갈 수 없습니다. 미국 로스앤젤레스에서 비행기를 갈아타**야 합니다**. 제 고향은 멉니다. 서울에서 제 고향까지 비행기로 25시간쯤 걸립니다.

공항버스 인천공항 로스앤젤레스 리우데자네이루 출발하다

복습 15-16과

1 표를 보고 보기 와 같이 이야기하십시오.

장소	하고 싶은 일	있어야 하는것	알고 싶은 것
도서관	외국인 학생입니다. 도서관에 들어가고 싶습니다.	학생증	도서관 문을 닫는 시간
슈퍼마켓	20살입니다. 술을 사고 싶습니다.	신분증	슈퍼마켓 문을 여는 시간
면세점	일주일 후에 비행기를 탈 거예요. 오늘 물건을 사고 싶습니다.	비행기 표, 여권	면세점 문을 닫는 시간

보기

주앙: 여보세요. 도서관이지요?
직원: 네, 말씀하세요.
주앙: 저는 외국인 학생입니다. 도서관에 들어갈 수 있어요?
직원: 학생증이 있지요?
주앙: 네, 있어요.
직원: 그럼 들어갈 수 있어요.
주앙: 그런데 도서관은 몇 시에 문을 닫아요?
직원: 10시에 문을 닫아요.
주앙: 알려 주셔서 감사합니다.

외국인 들어가다 슈퍼마켓 신분증 열다 면세점 여권 알리다

2 보기 와 같이 이야기하십시오.

어디에 가요?	무엇이 있어요?	어떻게 가요?
인사동 강남 신촌 홍대 앞 남산 이태원	조용한 카페 값이 싼 옷 가게 음식이 맛있는 식당 산책할 수 있는 곳 좋은 술집	버스 지하철 택시 자전거 걸어서

보기

에릭: 유키 씨, 인사동에 조용한 카페가 많지요?

유키: 네, 많아요.

에릭: 조용한 카페에 가고 싶은데 우리 같이 인사동에 갈까요?

유키: 네, 좋아요. 인사동까지 어떻게 갈까요?

에릭: 버스로 갑시다.

유키: 여기에서 인사동까지 얼마나 걸려요?

에릭: 여기에서 인사동까지 버스로 20분쯤 걸려요.

강남 이태원

3 다음 질문을 친구와 이야기하고 보기 와 같이 쓰십시오.

- ______ 씨, 휴대전화 있지요? 전화번호를 가르쳐 주세요.
- 고향에 있는 ______ 에게 자주 연락하지요?
- 자주 연락하는 ______ 이/가 누구예요?
- 날마다 연락해요?
- 누구에게서 문자메시지를 자주 받아요?
- 한국말로 문자메시지를 빨리 쓸 수 있어요?
- 한국말로 문자메시지를 쓰는 시간이 얼마나 걸려요?

보기

저는 고향에 계신 부모님께 자주 연락해요. 일주일에 세 번쯤 전화를 해요. 저는 보통 부도님께 학교 이야기를 해요.
그리고 저는 고향에 있는 친구들에게 일요일 밤마다 전화를 해요. 학교 이야기도 하고 한국 친구들 이야기도 해요.
저는 한국 친구들과 문자메시지로 연락해요. 친구들에게서 문자메시지를 많이 받아요. 저도 친구들에게 문자메시지를 보내요. 하지만 저는 한국말로 문자메시지를 빨리 쓸 수 없어요. 시간이 많이 걸려요.

문화 한국인의 전화 예절

한국 사람은 전화를 걸거나 받을 때 '**여보세요**'라고 말하면서 통화를 시작합니다. 전화를 끊을 때에는 특별히 정해진 말은 없지만 보통 '**감사합니다.**'나 '**안녕히 계세요.**' 등 간단한 인사말을 하거나 '**이만 끊겠습니다.**'라고 말하고 전화를 끊습니다.
한국 사람과 전화를 할 때 지켜야 하는 예절이 있습니다. 윗사람과 통화를 한 경우에는 윗사람이 먼저 전화를 끊고 난 후에 전화를 끊습니다. 윗사람이 아닌 사람과 통화를 한 경우에도 용건이 끝나자마자 바로 수화기를 내려놓는 것보다 잠깐 수화기를 들고 있다가 전화를 끊는 것이 좋습니다.

17과 길 찾기

1. 20m쯤 가면 화장실이 있어요

• 학습목표: 건물 내 장소의 위치와 방향을 설명할 수 있다.

Ⅰ. 준비해 봅시다

- 이 사람은 지금 무엇을 합니까?
- 여러분은 어떻게 길을 찾습니까?

이야기해 봅시다

1 안내표를 보고 보기 와 같이 이야기하십시오.

보기

직원: 어디를 찾으십니까?

흐엉: 실례지만 화장실이 어디에 있습니까?

직원: 여기에서 똑바로 가십시오. 20m쯤 가면 화장실이 있어요.

흐엉: 감사합니다.

화장실 미용실 세탁소 직원 찾다 똑바로

2 여러분은 어디에 있습니까? 그림을 그리고 보기 와 같이 친구에게 가르쳐 주십시오.

	305호	304호	303호	302호	301호
3F					
	컴퓨터실	남자 화장실	엘리베이터	여자 화장실	

보기

저는 지금 회사에 있어요. 우리 회사 건물 1층에 오**면** 오른쪽에 엘리베이터가 있어요. 3층**으로** 올라오세요. 엘리베이터에서 왼쪽**으로** 조금 가**면** 컴퓨터실이 있고 그 앞에 305호 방이 있어요. 거기가 제 사무실이에요.

건물　엘리베이터　올라오다

III. 써 봅시다

그림을 보고 보기 와 같이 쓰고 발표하십시오.

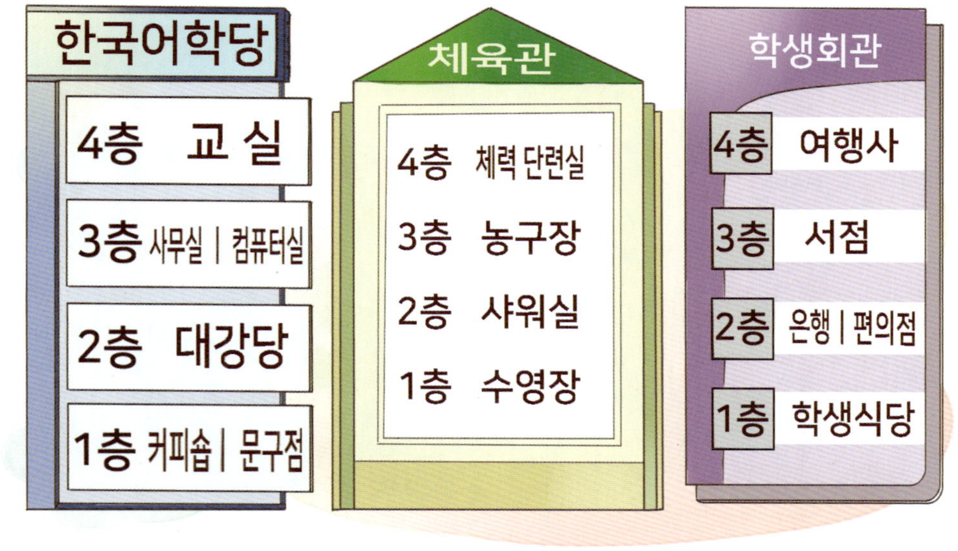

보기

여러분! 여기는 한국어학당입니다.
일 층에 커피숍과 문구점이 있습니다. 커피를 마시고 싶**으면** 일 층**으로** 가십시오. 이 층에 대강당이 있고 삼 층에 사무실과 컴퓨터실이 있습니다. 선생님을 만나고 싶**으면** 삼 층 사무실로 가십시오. 그리고 사 층**으로** 올라가**면** 교실이 있습니다.

17과 길 찾기

2. 횡단보도를 건너서 왼쪽으로 5분쯤 가세요

• 학습목표: 지도를 보고 길을 묻고 대답할 수 있다.

Ⅰ. 준비해 봅시다

- 사람들이 무엇을 합니까?
- 여러분은 길을 모르면 어떻게 합니까?

이야기해 봅시다

1 그림을 보고 보기 와 같이 이야기하십시오.

①

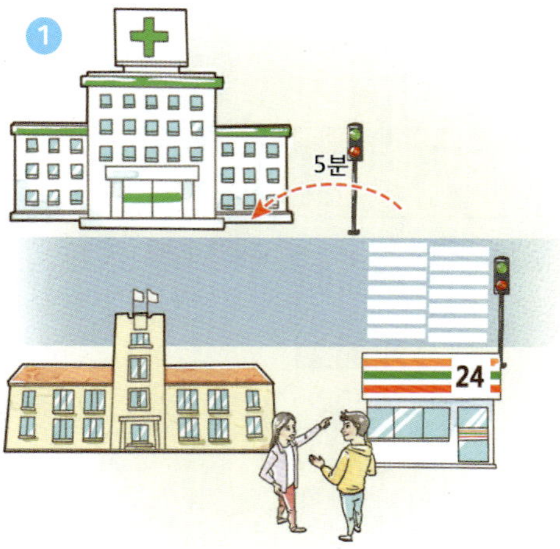

②

③

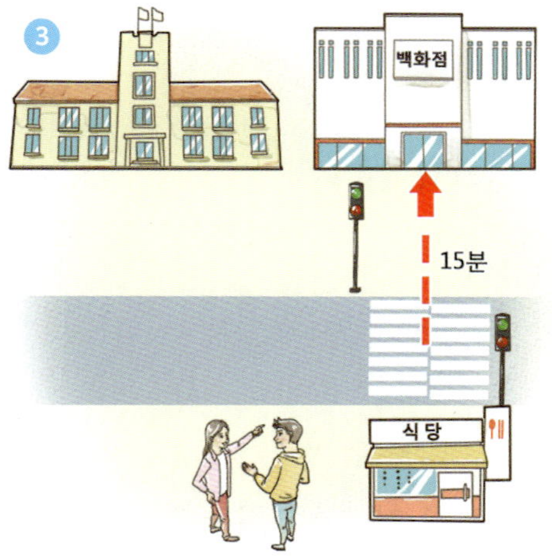

④

보기

마크: 리나 씨, 제가 머리가 아파서 병원에 가야 해요.
이 근처에 병원이 있어요?

리나: 네, 있어요. 저기 편의점이 보여요?

마크: 편의점요? 네, 보여요.

리나: 편의점 앞에 있는 횡단보도를 건너서 왼쪽으로 5분쯤 가세요.
학교 건너편에 병원이 있어요.

마크: 네, 고마워요.

머리　아프다　보이다　횡단보도　건너다　건너편　고맙다

2 그림을 보고 보기 와 같이 이야기하십시오.

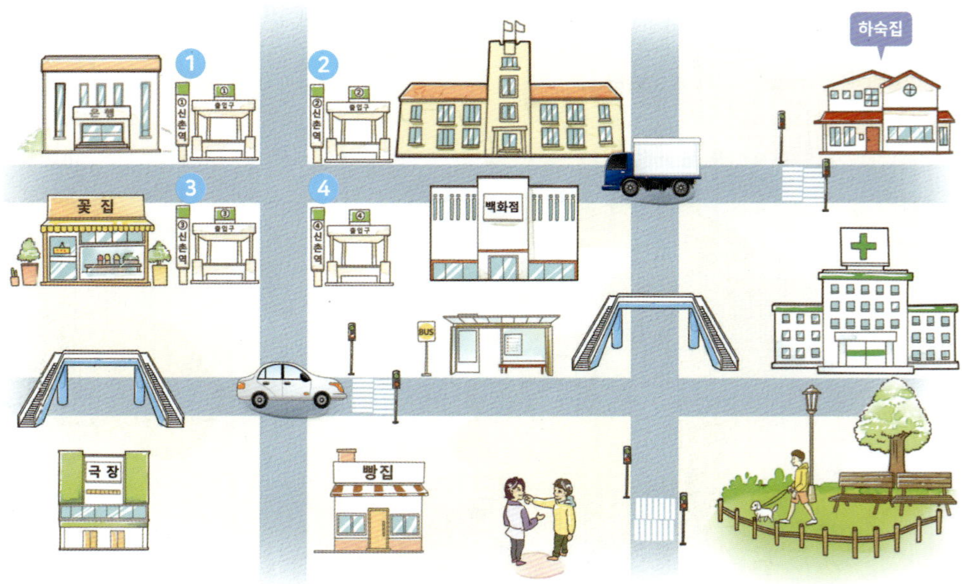

보기

유 키: 아저씨, 실례지만 이 근처에 꽃집이 있어요?

아저씨: 꽃집요? 꽃집은 지하철역 근처에 있어요.

리 나: 여기에서 꽃집까지 어떻게 가요?

아저씨: 빵집 앞에 있는 횡단보도를 건너서 왼쪽으로 가세요.
사거리가 있어요.
사거리에서 오른쪽으로 10분쯤 가면 지하철역이 있어요.
지하철역 4번 출구로 내려가서 3번 출구로 올라가세요.
3번 출구로 나가서 똑바로 5분쯤 가면 꽃집이 있어요.

유 키: 네, 감사합니다.

실례

III. 써 봅시다

여러분 집에 어떻게 갑니까? 약도를 그리고 보기 와 같이 설명하십시오.

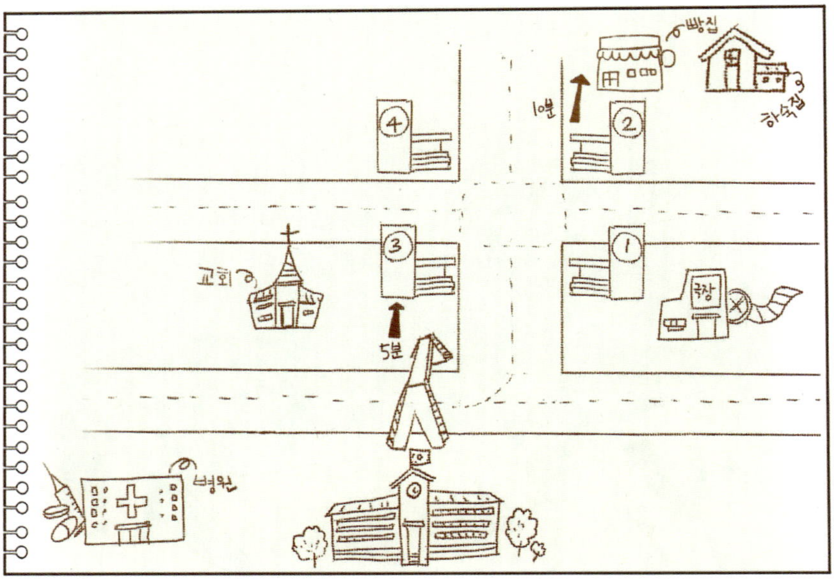

보기

학교 앞에 있는 육교를 **건너서** 똑바로 가세요. 똑바로 5분쯤 가면 지하철역이 있어요. 지하철역 3번 출구로 **내려가서** 2번 출구로 올라가세요. 2번 출구로 **나가서** 똑바로 10분쯤 가면 빵집이 있어요. 빵집 옆에 있는 집이 우리 하숙집이에요.

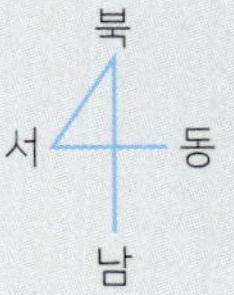

지하철역 사거리 출구 내려가다 올라가다 나가다 육교

18과 날씨와 계절

1. 날씨가 좋군요

• 학습목표: 날씨에 대해서 이야기할 수 있다.

Ⅰ. 준비해 봅시다

- 여기는 날씨가 어떻습니까?
- 지금 고향 날씨가 어떻습니까?

이야기해 봅시다

1 그림을 보고 보기 와 같이 이야기하십시오.

보기

에릭: 우리 등산하러 갈까요?

유키: 오후에 좀 더울 것 같은데 수영하러 갑시다.

에릭: 좋아요. 점심을 먹고 2시에 수영하러 갑시다.

2 보기 와 같이 이야기하십시오.

보기

에릭: 방학에 여행을 가고 싶어요. 어디가 좋아요?

유키: 태국이 좋을 것 같아요. 태국에 맛있는 음식과 볼 것이 많아요.

에릭: 그렇지만 태국은 너무 더울 것 같아요.

유키: 아니에요. 지금 태국은 덥지 않아요. 날씨가 좋아요.

에릭: 그렇군요.

III. 써 봅시다

그림을 보고 보기 와 같이 쓰고 발표하십시오.

태국 너무 스위스

보기

공원에 친구들이 많**군요.** 하늘이 맑아서 친구들 기분이 좋**을 것 같아요.** 유키 씨가 얇은 옷을 입었**군요.** 유키 씨가 추**울 것 같아요.** 흐엉 씨가 벤치에서 책을 읽**는군요.** 흐엉 씨가 벤치에서 **잘 것 같아요.** 에릭 씨가 모자를 구경하**는군요.** 에릭 씨가 모자를 **살 것 같아요.** 리타오 씨가 우**는군요.** 리타오 씨가 많이 아**플 것 같아요.** 노라 씨에게 약이 있**군요.** 노라 씨가 리타오 씨에게 약을 **줄 것 같아요.**

하늘 맑다 벤치 울다 약

18과 날씨와 계절

2. 날씨가 따뜻한 것 같아요

• 학습목표: 계절에 대해서 이야기할 수 있다.

Ⅰ. 준비해 봅시다

- 사람들이 무엇을 합니까?
- 여러분은 어느 계절을 좋아합니까?

이야기해 봅시다

1 사람들이 무엇을 합니까? 보기 와 같이 이야기하십시오.

보기

마크: 저기에 유키 씨가 있군요.

리나: 유키 씨가 기타를 치면서 노래를 불러요.

마크: 유키 씨가 노래 연습을 하는 것 같아요.

리나: 우리도 저기에 가서 구경합시다.

저기 기타를 치다 연습

2 보기 와 같이 이야기하십시오.

보기

유키: 존 씨, 비행기표를 예매했어요?

존 : 아니요, 표가 없어서 예매하지 못했어요.

유키: 봄에 사람들이 제주도에 많이 가는 것 같아요.

존 : 네, 봄에 꽃이 예뻐서 사람들이 제주도에 많이 가요.

봄

III. 써 봅시다

여러분은 어디에 여행을 가고 싶습니까? 그림을 보고 보기 와 같이 이야기하십시오.

보기

에릭: 노라 씨, 여기가 어디인 것 같아요?

노라: 한국인 것 같아요.

에릭: 4월에 한국 날씨가 어떤 것 같아요?

노라: 날씨가 따뜻한 것 같아요. 우리도 내년 4월에 여기에 갈까요?

에릭: 좋아요. 저는 한국에 가서 바다에 가고 싶어요.

노라: 바다를 보면서 걸읍시다.

보기 와 같이 쓰고 발표하십시오.

보기

저는 여행사에 갔어요. 한국 제주도 사진을 봤어요. 저는 내년 4월에 한국 제주도에 가고 싶어요.

한국은 4월에 따뜻한 **것 같아요**. 사진에 있는 사람들이 얇은 옷을 입었어요.

제주도는 바다가 아름다운 **것 같아요**. 바다를 보러 가는 사람들이 많아요. 저는 아름다운 바다를 보**면서** 걷고 싶어요.

복습 17-18과

1 한 사람은 A지도, 다른 사람은 B지도를 보고 보기 의 장소가 어디에 있는지 묻고 지도에 표시하십시오.

보기

하숙집　노래방　문구점　백화점　은행　식당　시장　병원

Ⓐ

보기

편의점　빵집　우체국　극장　카페　꽃집　약국　서점

Ⓑ

보기

유　키: 저, 실례지만 길 좀 가르쳐 주세요.
아저씨: 어딜 찾으세요?
유　키: 우체국이 어디에 있어요?
아저씨: 저기 버스 정류장이 보여요?
유　키: 버스 정류장요? 네, 보여요.
아저씨: 버스 정류장 앞에 있는 횡단보도를 건너서 오른쪽으로 가세요.
50미터쯤 가면 삼거리가 있어요.
삼거리에서 왼쪽으로 100미터쯤 가세요.
은행 뒤에 우체국이 있어요.
유　키: 감사합니다.

2 그림을 보고 보기 와 같이 이야기하십시오.

보기

마크: 눈이 오는군요.
리나: 내일도 눈이 올 것 같아요.
마크: 그래요? 그럼 내일 같이 스키 타러 갈까요?
리나: 좋아요. 그런데 마크 씨는 스키를 정말 좋아하는 것 같아요.
마크: 네, 저는 눈을 맞으면서 스키를 타면 너무 기분이 좋아요.
리나: 그렇군요.

길　정류장　삼거리　미터　눈　눈을 맞다

3 다음 질문으로 친구와 이야기하십시오. 그리고 보기 와 같이 쓰고 발표하십시오.

- 어느 계절을 좋아하세요?
  ________이/가 되면
  뭘 하고 싶어요?
- 오늘 날씨가 ________군요.
  같이 ________으면서/면서
  ________을까요?/ㄹ까요?

- ________씨 고향은 요즘 날씨가 어떨 것 같아요?
- ________씨 고향이 어디예요? 공항에서 고향 집까지 어떻게 가요?
- 고향 집 근처에 무엇이 있어요?
- 고향에 돌아가서 어디에 제일 먼저 가고 싶어요?
- 거기에 가서 뭘 하고 싶어요?

보기

저는 눈이 오는 겨울을 좋아합니다. 겨울이 되면 스키장에 가서 스키를 탈 수 있습니다. 눈을 맞으면서 스키를 타면 기분이 아주 좋습니다. 지금 제 고향은 여름입니다. 제 고향 근처에 바다가 있습니다. 그래서 여름이 되면 사람들은 바다에 가서 수영을 합니다. 지금 제 친구들은 바다에서 수영을 할 것 같습니다. 저도 고향에 가서 친구들과 같이 수영을 하고 싶습니다.

계절　되다　돌아가다　제일　먼저

문화

한국의 도로명

'주말에 어디에서 만날까요?' '을지로에서 만납시다.'
여기서 약속 장소인 '**을지로**'는 고구려의 유명한 장군인 '**을지문덕**'의 성을 따서 만든 도로명입니다. 이처럼 한국의 도로명 중에는 나라를 위해 목숨을 바쳤거나 훌륭한 업적을 남긴 위인들의 이름을 따서 그들을 오랫동안 기억하고 그 뜻을 이어받고자 지정한 길들이 있습니다.

도로명	유래
세종로	한글을 창제한 조선의 제4대 왕 **세종 대왕**의 이름을 따서 만든 도로명
율곡로	오천원권 화폐 인물인 조선 시대 대표적 유학자 **율곡 이이** 선생의 호를 따서 만든 도로명
퇴계로	천원권 화폐 인물인 조선 시대 대표적 유학자 **퇴계 이황** 선생의 호를 따서 만든 도로명
충무로	조선 시대 장군으로 임진왜란에서 큰 공을 세운 **충무공 이순신**의 호를 따서 만든 도로명
을지로	수나라 30만 대군을 살수에서 전부 몰살시켜 강대했던 수나라를 멸망에 이르게 한 고구려의 영웅 **을지문덕** 장군의 성을 따서 만든 도로명
충정로	조선 말기 문신으로 나라를 위해 순국한 **충정공 민영환**의 호를 따서 만든 도로명

19과

여행

1. 저는 이번 방학에 한국에서 여행을 하려고 해요

• 학습목표: 여행 계획을 이야기할 수 있다.

I. 준비해 봅시다

- 이 사람들은 여행을 가서 어디에서 잤어요?
- 여러분은 이번 방학에 여행 계획이 있어요?

이야기해 봅시다

1 그림을 보고 보기 와 같이 여행 계획을 세우십시오.

오사카

하와이

베이징

런던

보기

노라: 흐엉 씨, 이번 방학에 같이 여행을 갈까요?

흐엉: 좋아요. 어디에 갈까요?

노라: 일본이 가깝고 값도 비싸지 않은데 일본에 가는 게 어때요?

흐엉: 일본요? 그럼 오사카에 가는 게 어때요?

노라: 저도 오사카에 가고 싶었어요.
여기저기 구경도 많이 하고 맛있는 오사카 음식도 많이 먹어요.

흐엉: 그럽시다. 언제 갈까요?

노라: 이번 학기가 끝나면 5월 22일부터 25일까지 가는 게 어때요?

흐엉: 괜찮아요. 어디에서 잘까요?

노라: 호텔이나 민박집에서 자는 게 어때요?

흐엉: 좋아요. 인터넷으로 예약합시다.

런던 여기저기 민박 예약하다

2 보기 와 같이 친구와 여행 계획을 이야기하십시오.

보기

에릭: 노라 씨, 이번 방학에 뭘 할 거예요?

노라: 일본에 여행을 가려고 해요.

에릭: 일본 어디에 갈 거예요?

노라: 오사카에 가려고 해요.

에릭: 누구하고 같이 가려고 해요?

노라: 반 친구 흐엉 씨하고 같이 가려고 해요.

에릭: 언제 가려고 해요?

노라: 이번 학기가 끝나면 5월 22일부터 25일까지 가려고 해요.

에릭: 어디에서 잘 거예요?

노라: 호텔이나 민박집에서 자려고 해요.

Ⅲ. 써 봅시다

여러분이 반 친구 나라에 여행을 가려고 합니다. 보기 와 같이 이야기하십시오.

보기

올리비아: 윤아 씨, 저는 이번 방학에 부모님과 같이 한국에서 여행을 할 거예요. 제주도나 부산에 가려고 해요. 어디가 더 좋아요?
윤　　아: 제주도에 가는 게 어때요? 경치가 아름답고 볼 게 아주 많아요.
올리비아: 그럼 어디에서 자면 좋아요?
윤　　아: 펜션에서 자는 게 어때요? 예쁘고 깨끗한 펜션이 많아요. 그리고 값도 싸요.
올리비아: 제주도에서 어디를 구경하면 좋아요?
윤　　아: 성산 일출봉과 우도에 가는 게 어때요? 경치가 아주 아름다워요.
올리비아: 무슨 음식을 먹으면 좋아요?
윤　　아: 생선회를 먹는 게 어때요? 사람들이 모두 좋아해요.
올리비아: 제주도에서 무슨 선물을 사면 좋아요?
윤　　아: 돌로 만든 할아버지 인형과 초콜릿이 인기가 있는데 그것을 사는 게 어때요?
올리비아: 알려 줘서 정말 고마워요.

여행 계획에 대해서 보기 와 같이 쓰고 발표하십시오.

보기

저는 이번 방학에 부모님과 같이 한국에서 여행을 할 거예요.
제주도를 일주일쯤 여행하**려고 합니다**.
제주도에 가면 예쁘고 깨끗한 펜션에서 자**려고 합니다**.
제주도에서 경치가 아름다운 성산 일출봉과 우도를 구경할 거예요.
그리고 제주도에서 흑돼지고기를 먹**으려고 합니다**.
돌로 만든 할아버지 인형과 초콜릿 선물도 사**려고 합니다**.

펜션　성산 일출봉　우도　생선회　돌　인형　인기

19과 여행

2. 흐엉 씨는 지금 면세점에서 쇼핑하고 있어요

• 학습목표: 여행 준비에 대해서 이야기할 수 있다.

Ⅰ. 준비해 봅시다

- 사람들이 공항에서 무엇을 합니까?
- 여러분은 공항에 가면 무엇을 합니까?

이야기해 봅시다

1 여행 준비 목록을 보고 보기 와 같이 이야기하십시오.

여행 준비 목록

1. 여권
2. 비행기표
3. 호텔예약
4. 돈 바꾸기
5. 약
6. 선글라스
7. 충전기
8. 우산
9. 여행가이드북
10. 휴대전화로밍

보기

마크: 리나 씨, 여행 준비를 다 했어요?

리나: 아니요, 아직 다 못 했어요.

마크: 뭘 못 했어요?

리나: 돈을 못 바꿨어요.

2 그림을 보고 보기 와 같이 이야기하십시오.

보기

마크: 리나 씨, 늦어서 미안해요.

리나: 아니에요. 비행기 출발 시간까지 시간이 많아요.

마크: 그런데 흐엉 씨는 어디에 있어요?

리나: 흐엉 씨는 지금 면세점에서 쇼핑하고 있어요. 우리도 갑시다.

충전기 우산 가이드북 로밍 아직 선글라스 예약 늦다

그림을 보고 사람들이 무엇을 하고 있는지 쓰십시오.

연습하기

이것은 공항에서 찍은 사진입니다. 흐엉 씨가 면세점에서 쇼핑을 하**고 있습니다.** 에릭 씨는 ____________________

____

____

____

____

III. 써 봅시다

다음 출입국 신고서를 보기 와 같이 쓰십시오.

보기

대한민국 입국신고서 ARRIVAL CARD /REPUBLIC OF KOREA

한글이름 SURNAME	漢字姓名
홍 길 동	洪 吉 童
GIVEN NAMES	
HONG KIL DONG	
생년월일 DATE OF BIRTH 년 Year 월 Month 일 Day: 1 2 3 4 5 6	주민등록 뒷번호: 1 2 3 4 5 6 7 / 남 MALE ☑ 여 FEMALE □
국적 NATIONALITY: 대한민국	여권번호 PASSPORT NO.: BS1234567
한국내 주소 · 전화번호 ADDRESS & PHONE NO. IN KOREA: 서울시 강남구 청담동 92-3	
직업 · 직장명 OCCUPATION: 회사원	여행목적 PURPOSE OF VISIT: 귀국
출발지 DEPARTED FROM: 미국	편명 FLIGHT NO./SHIPS NAME: KE 123
공용란 Official Use Only 번호 KE 0388837 E	서명 SIGNATURE

대한민국 출국신고서 DEPARTURE CARD /REPUBLIC OF KOREA

한글이름 SURNAME	漢字姓名
홍 길 동	洪 吉 童
GIVEN NAMES	
HONG KIL DONG	
생년월일 DATE OF BIRTH 년 Year 월 Month 일 Day: 1 2 3 4 5 6	주민등록 뒷번호: 1 2 3 4 5 6 7 / 남 MALE ☑ 여 FEMALE □
국적 NATIONALITY: 대한민국	여권번호 PASSPORT NO.: BS1234567
한국내 주소 · 전화번호 ADDRESS & PHONE NO. IN KOREA: 서울시 강남구 청담동 92-3	
직업 · 직장명 OCCUPATION: 회사원	여행목적 PURPOSE OF VISIT: 여행
목적지 DEPARTED: 대한민국	편명 FLIGHT NO./SHIPS NAME: KE 456
공용란 Official Use Only 번호 KE 0388837 E	서명 SIGNATURE

연습하기

대한민국 입국신고서 ARRIVAL CARD /REPUBLIC OF KOREA

한글이름 SURNAME	漢字姓名
GIVEN NAMES	
생년월일 DATE OF BIRTH 년 Year 월 Month 일 Day	주민등록 뒷번호 / 남 MALE □ 여 FEMALE □
국적 NATIONALITY	여권번호 PASSPORT NO.
한국내 주소 · 전화번호 ADDRESS & PHONE NO. IN KOREA	
직업 · 직장명 OCCUPATION	여행목적 PURPOSE OF VISIT
출발지 DEPARTED FROM	편명 FLIGHT NO./SHIPS NAME KE
공용란 Official Use Only 번호 KE 0388837 E	서명 SIGNATURE

대한민국 출국신고서 DEPARTURE CARD /REPUBLIC OF KOREA

한글이름 SURNAME	漢字姓名
GIVEN NAMES	
생년월일 DATE OF BIRTH 년 Year 월 Month 일 Day	주민등록 뒷번호 / 남 MALE □ 여 FEMALE □
국적 NATIONALITY	여권번호 PASSPORT NO.
한국내 주소 · 전화번호 ADDRESS & PHONE NO. IN KOREA	
직업 · 직장명 OCCUPATION	여행목적 PURPOSE OF VISIT
목적지 DEPARTED	편명 FLIGHT NO./SHIPS NAME KE
공용란 Official Use Only 번호 KE 0388837 E	서명 SIGNATURE

20과 방학과 휴일

1. 저는 방학에 중국에 가겠습니다

• 학습목표: 방학에 할 일을 이야기할 수 있다.

Ⅰ. 준비해 봅시다

- 사람들이 무엇을 합니까?
- 여러분은 방학에 무엇을 하려고 합니까?

이야기해 봅시다 **1** 보기 와 같이 이야기하십시오.

보기

존 : 여러분, 우리 점심을 먹기 전에 장기 자랑을 할까요?

에릭: 네, 좋아요.

존 : 에릭 씨, 무엇을 하시겠습니까?

에릭: 저는 노래를 하겠습니다.

장기 자랑

2 보기 와 같이 이야기하십시오.

방학 계획표

보기

에릭: 유키 씨, 방학을 잘 보냈어요?

유키: 네, 잘 보냈어요. 에릭 씨도 방학을 잘 보냈지요?

에릭: 네, 저는 이번 방학에 운동을 열심히 했어요.
날마다 아침을 먹기 전에 운동을 했어요.

유키: 저는 이번 방학에 여행을 많이 했어요. 구경을 많이 하고 사진도 많이 찍었어요.

단어 구경 계획표

III. 써 봅시다

보기 와 같이 방학에 할 일을 쓰고 발표하십시오.

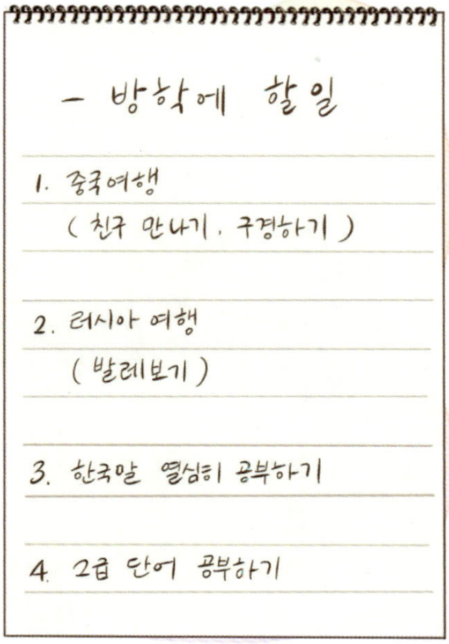

보기

저는 이번 방학에 고향에 가지 않을 거예요. 여행을 할 계획입니다. 저는 방학에 중국에 가**겠습니다**. 중국에서 친구를 만나고 구경을 많이 하**겠습니다**. 그리고 러시아에도 가**겠습니다**. 러시아에서 발레를 보고 싶습니다. 서울에 돌아온 후에 한국말을 열심히 공부하**겠습니다**. 다음 학기가 시작되**기 전에** 2급에서 배울 단어를 공부하**겠습니다**. 이번 방학을 잘 보내고 싶습니다.

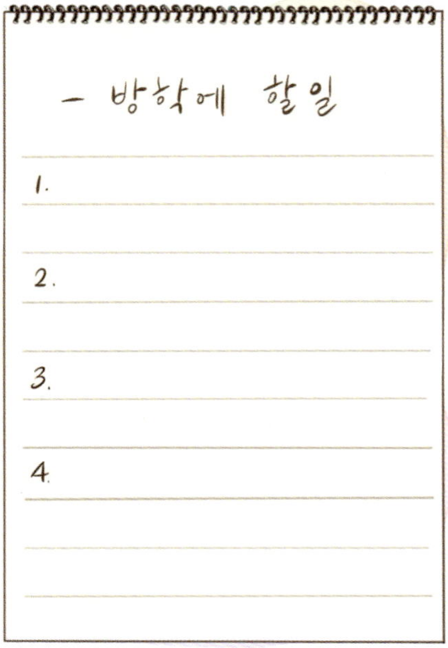

연습하기

발레 돌아오다 시작되다 급

20과 방학과 휴일

2. 경치가 아름답지 않아요?

• 학습목표: 휴일에 대해서 이야기할 수 있다.

Ⅰ. 준비해 봅시다

- 오늘이 무슨 날이에요?
- 여러분 나라에 어린이날이 있어요?

이야기해 봅시다 **1** 보기 와 같이 이야기하십시오.

보기

마크: 설날이 몇 월 며칠이에요?

하늘: 음력 1월 1일이에요.

마크: 한국 사람들은 설날에 뭘 해요?

하늘: 어른들께 세배를 해요. 떡국도 먹고요.

설날 음력 어른 세배 떡국

2 그림을 보고 보기 와 같이 이야기하십시오.

보기

주앙: 경치가 아름답지 않아요?

노라: 네, 아름다워요. 공기도 깨끗하고요.

주앙: 다음 휴일에 또 올까요?

노라: 네, 그럽시다.

휴일

III. 써 봅시다

여러분 나라에서는 언제 가족들이 만납니까? 보기 와 같이 친구와 이야기하십시오.

보기

우진: 노라 씨, 언제 가족들이 모두 만나요?

노라: 크리스마스에 가족들이 모두 만나요.

우진: 크리스마스에 만나면 뭘 해요?

노라: 가족들이 선물을 주고 받아요. 크리스마스트리도 만들고요.

우진: 노르웨이 겨울은 춥지 않아요?

노라: 네, 추워요. 그렇지만 가족들하고 같이 놀면 재미있어요.

보기 와 같이 휴일에 하는 일을 쓰고 발표하십시오.

보기

제목: 크리스마스

노르웨이에서는 크리스마스에 먼 곳에 사는 가족들이 모두 고향에 가요. 크리스마스에 가족들이 선물을 주고 받아요. 크리스마스트리도 만들**고요**. 그리고 저녁에 가족들과 같이 식사를 해요. 우리 어머니는 크리스마스에 맛있는 음식을 많이 만드세요.

올해도 저는 크리스마스에 고향에 가서 가족들과 놀 거예요. 맛있는 음식도 많이 먹**고요**.

크리스마스트리　　제목

복습 19-20과

1 그림을 보고 보기 와 같이 이야기하십시오.

보기

존 : 유키 씨, 지금 뭘 드세요?
유키: 김치찌개를 먹고 있어요.
존 : 김치찌개가 맵지 않아요?
유키: 좀 맵지만 맛있어요. 저는 김치찌개를 아주 좋아해요.
존 : 학교 앞에 김치찌개가 맛있는 식당이 있는데 같이 갈까요?
유키: 좋아요. 다음 학기가 시작되기 전에 같이 갑시다.

드시다

2 표를 보고 보기 와 같이 이야기하십시오.

친구	방학 계획	나의 조언	
흐엉	한국 요리 배우기	연세 백화점 요리 수업	• 학교에서 가깝다 • 값이 싸다
에릭	친구와 여행하기	스키 여행	• 한국에 스키장이 많다 • 값이 비싸지 않다
호세	아르바이트 하기	커피숍 아르바이트	• 커피숍 아르바이트가 많다 • 한국말을 연습할 수 있다
노라	태권도 배우기	학교 앞 태권도장	• 외국 학생이 많다 • 선생님이 영어를 잘 한다

보기

유키: 방학에 뭘 할 거예요?

흐엉: 한국 요리를 배우려고 해요.

유키: 어디에서 배우려고 해요?

흐엉: 아직 좋은 곳을 못 찾았어요. 좋은 곳이 있으면 말해 주세요.

유키: 연세 백화점 요리 수업에서 배우는 게 어때요?
연세 백화점은 학교에서 가까워요. 값도 싸고요.

흐엉: 그래요? 고마워요.

태권도장

3 다음 질문으로 친구와 이야기하고 보기 와 같이 쓰십시오. 쓴 후에 발표하십시오.

- ______ 씨, 크리스마스에/설날에 고향에 가지요?
- 고향에 가면 뭘 하고 싶어요?
- 사람들이 크리스마스에/설날에 바쁘지 않아요?

- ______ 씨 나라 사람들은 크리스마스에/설날에 무슨 음식을 먹어요?
- ______ 씨, 그 음식을 만들 수 있어요?
- ______ 씨 가족들은 크리스마스에/설날에 무엇을 같이 해요?
- ______ 씨, 이번 크리스마스에/설날에 부모님께 무슨 선물을 드릴 거예요?

보기

저는 이번 설날에 고향에 가겠습니다. 고향에 가면 가족들과 재미있는 시간을 보내고 싶습니다. 고향 친구들과 술도 마시고요.
설날이 되면 사람들이 바쁩니다. 집 청소도 하고 음식도 많이 만들어야 합니다. 선물도 사야 하고요.
우리나라 사람들은 설날에 만두를 만들어서 먹습니다. 우리 어머니도 만두를 잘 만드십니다. 그렇지만 저는 만두를 잘 못 만듭니다.
설날에 우리 가족들은 같이 게임을 하고 영화도 봅니다. 저는 이번 설날에 부모님께 화장품을 선물하려고 합니다. 고향에 가기 전에 백화점에서 선물을 사겠습니다.

집 청소 만두 선물하다

문화

한국의 명절

한국의 전통 명절은 많습니다.
그렇지만 현대의 한국 사람들이 지키는 큰 전통 명절은 **설날**과 **추석**입니다.
설날은 새해가 시작되는 음력 1월 1일이고 **추석**은 음력 8월 15일입니다.
추석은 가을에 추수가 끝난 후에 풍성한 수확을 거두게 해 준 조상에게 감사를 드리는 날이며 다른 말로 '**한가위**'라고도 합니다.
설날에는 '**새해 복 많이 받으십시오.**'라고 인사를 하고, **추석**에는 '**풍성한 한가위 보내세요**' 또는 '**행복한 추석을 보내세요**' 라고 인사합니다.

부록

색인

색인

어휘 색인

ㄷ

ㄹ

ㅁ

ㅇ

ㅈ

ㅊ

ㅋ

ㅌ

Japanese Version

새 연세한국어 말하기와 쓰기 1-2

별책부록

新しい延世韓国語 会話と書き

연세대학교 한국어학당 편

연세대학교 출판문화원

はじめに

延世大学の韓国語学堂は1959年に設立された韓国初の外国語としての韓国語教育機関である。延世大学の韓国語学堂はこれまでの歴史と名声に相応しく、様々な韓国語教材の編纂及び関連研究を行い、韓国語教育を先導してきた。これまで全世界から来た約147カ国の14万人に及ぶ韓国語学習者たちに韓国語と韓国文化を教えてきて、最近はオフラインの韓国語教育だけでなく、世界各国の韓国語学習者たちを対象にグローバルMOOC講座を開設して学習者たちから大きな反響を得ている。特に最近、早い速度で変化していく教育環境に合わせて新しい教授法と教授資料の開発に力を注ぐなど、弛まぬ努力をしている。

延世大学の韓国語学堂はこれまで一般目的の韓国語の学習者だけではなく、特殊目的の韓国語の学習者たちを対象に正規課程、短期課程、大学の韓国語課程など、多様な教育課程を開設及び運営しながら、学習者の要求に応える最上の教材を開発してきた。このような教材は国内外の韓国語教育機関で、教師と学習者たちの多様な要求を満足させ、良質の韓国語教授・学習のために広く使用されている。

延世大学韓国語学堂はこれまで最も大きな反響を受けてきた「延世韓国語」1級~6級の後を継ぐ新しい教材として「新しい延世韓国語」のシリーズを企画・出版することになった。この教材の開発のために韓国語教育現場の経験が豊富な専門の韓国語教育学者や教師らが大量に投入されたし、最上の韓国語教授法や学習者集団の要求についての理解をもとに開発作業が長期間に渡って遂行された。

今回出版された「新しい延世韓国語」のシリーズは全部6段階であり、各段階ごとに語彙と文法教材、会話と書き教材、聞き取りと読解教材で構成されている。「新しい延世韓国語語彙と文法」は韓国語の学習者たちが各々のレベルで最も必須的に身につけなければならない主要語彙と文法に対する理解と活用を中心に構成された。「新しい延世韓国語会話と書き」は、円滑な韓国語の意思疎通のために必ず必要な表現機能が遂行できるように会話、書きの課題を中心に構成された。また、「新しい延世韓国語聞き取りと読解」は聞き取りと読解の課題を中心に各々のレベルの習熟度に適切な理解能力を涵養させることができるように構成された。この3冊の教材は語彙・文法、表現、理解能力のバランスの取れた発 達を図るため、パッケージで共に使 用されることも可能であり、教育現場の環境や学習者のニーズに応じて別途で使われることもできる。また、語彙と文法教材の場合、別途の指針書が用意され、教育経験がやや不足した国内外の韓国語教師たちに役に立つ道しるべになれると考えられる。

延世大学の韓国語学堂はこれからも全世界の韓国語学習者たちのニーズと期待に応える教材開発のために最善をつくすつもりである。また、本教材が国内外で韓国語教育のために努力を惜しまない多くの教師と韓国語学習のために努力する全ての学習者たちに大いに役立ってほしい。

延世大学校言語研究教育院

韓国語学堂教材編纂委員会

凡例

1. この本は<新しい延世韓国語**語彙と文法1**>、<新しい延世韓国語**聞き取りと読解1**>と一緒に韓国語の初級学習者のための教材である。特に<新しい延世韓国語**語彙と文法1**>で習った文型と語彙を活用して、会話と書きの表現練習をすることができるように構成された。

2. この本は韓国語の初級学習者が韓国語で話し、書くことができる能力を育てるための表現能力の開発教材である。

3. この本は全部20課で各課は2つの項で構成され、合計40項がある。そして2つの課ごとに復習をすることができるように復習10項を構成した。各項はそれぞれ50分の授業の分量で、この本は合計50個の項で構成されている。そして2つの項ごとに韓国文化の紹介がある。

4. この本の各項は「題目、学習目標、準備してみましょう、話してみましょう、書いてみましょう」で構成された。復習の項は先行学習された2つの課の主題と機能、語彙と文法が活用できるように、3つの課題で構成されている。

5. この本の各課の題目は<新しい延世韓国語**語彙と文法1**>と同じである。各項の題目は当該項の内容の中で、学習目標を表すことができる代表的な文章を使用した。

6. 学習目標は「-について話すことができる、説明することができる、紹介することができる」のように、表現機能が表されるように記述した。

7. 「準備してみましょう」は各項のはじめに該当する。絵を提示して学習者の理解を助け、2つの質問を介して、各項の具体的な内容を予測してみることができるよう構成した。1課から5課までは2つの質問がすべて絵と関連するものである。6課から20課までは絵と関連する一つの質問と学習者の状況に合わせて答えることができる一つの質問で構成されている。

8. 「話してみましょう」は<新しい延世韓国語**語彙と文法1**>で勉強した内容を主題と関連して話してみることができる会話練習で構成されている。初級学習者の興味を引いて実際性を高めるように、目標の会話状況が現れる絵を提示した。また、学習者の理解を助けるために練習ごとに典型的な会話の例示を<例>で提示した。

9. 「書いてみましょう」は「書いて発表しなさい、話して書きなさい」のように、会話活動と書き活動を連携した練習で構成されている。会話の練習の対話だけでなく、書きの練習の例示も<例>で提示して、学習者に助けを与えようとした。

10. 「復習」は3つの練習で構成されている。先の2つの項で学んだ語彙と文法、主題を統合して長く話して書くことができる練習で構成されている。

11. 「文化」は韓国の文化を紹介し、関連する韓国語の表現を提示して学習者が活用できるように構成した。

12. すべての練習は学習者が自分の韓国語能力のレベルに合わせて多様に表現できるように、正解が一つではなく、開いている質問で構成した。また、自分の状況へ拡張して練習することができるように、一般的で典型的な状況を提示した。

13. 新しい語彙は当該のページの下に提示した。また、付録に新しい語彙の目録と当該の語彙が使用された項を提示して学習に助けを与えようとした。

単元構成

課	題目	学習目標	表現	文化
11課 約束	<1> 景色が美しいから南山に行きましょうか	約束の時間と場所を決めることができる	-은 후에 -으니까	呼称
	<2> 私が映画のチケットを持っていますが、一緒に場に行きましょうか	会って何をするかを提案することができる	-는데 -이나	
12課 家族	<1> お母さんが新聞を読まれます	尊敬語を使用して話すことができる	-으시- 께서	
	<2> 母は歌の歌いが好きです	家族が好きな事を説明することができる	-으세요[1] -으세요[2]	
13課 買い物	<1> これより大きいかばんを買いたいです	事物を比較して話すことができる	-은[1] 보다	誕生日
	<2> このりんご一つでいくらですか	品物を選んで買う状況で話すことができる	-는 에[2]	
14課 誕生日	<1> 家族たちにあげるプレゼントを買いました	品物の用途を説明することができる	에게(한테/께) -을	
	<2> 私たちが食べた食べ物はプルコギでした	誕生日にやった事を説明することができる	-은[2] 르 동사	
15課 電話	<1> 私に電話してください	頼みたい事を説明することができる	-지요? -어 주다	韓国人の電話マナー
	<2> 今電話に出られますか	電話で話すことができる	에게서(한테서) -을 수 있다	

課	題目	学習目標	表現	文化
16課 交通	<1> ソウルから全州まで汽車で2時間ぐらいかかります	交通手段と所要時間を話すことができる	으로[1] 에서 까지	韓国人の電話マナー
	<2> 地下鉄に乗り換えなければなりません	やらなければならない事について話すことができる	-어야 하다 마다	
17課 道探し	<1> 20メートルぐらい行くとお手洗いがあります。	建物の内部の場所の位置と方向を説明することができる	으로[2] -으면	韓国の道路名
	<2> 横断歩道を渡って左に5分ぐらい行きなさい	地図を見て道を聞いて答えることができる	-요? -어서[2]	
18課 天気と季節	<1> 天気がいいですね	天気について話すことができる	-는군요 -을 것 같다	
	<2> 天気が暖かそうです	季節について話すことができる	-는 것 같다 -으면서	
19課 旅行	<1> 私は今度の休みに韓国で旅行をしようとします	旅行の計画を話すことができる	-으려고 하다 -는 게 어때요?	韓国の祝日
	<2> フオンさんは今免税店でショッピングをしています	旅行の準備について話すことができる	-고 있다 못	
20課 休日と休み	<1> 私は休みに中国に行きます	休みにやることを話すことができる	-기 전에 -겠다1	
	<2> 景色が美しくありませんか	休日について話すことができる	-지 않아요? -고요	

目次

11課 約束

<1> 景色が美しいから南山に行きましょうか。

学習目標: 約束の時間と場所を決めることができる。

語彙

금요일 金曜日
약속 約束
테니스장 テニスコート
식사하다 食事する
테니스를 치다 テニスをする
복잡하다 複雑だ

<2> 私が映画のチケットを持っていますが、一緒に劇場に行きましょうか。

学習目標: 会って何をするかを提案することができる。

語彙

시험 試験
옷 服
덕수궁 徳寿宮
배가 고프다 お腹がすく
관악산 冠岳山
청계천 清渓川
엔(N)서울타워 Nソウルタワー
서울 어린이대공원 ソウルオリニ大公園
올림픽공원 オリンピック公園
서울미술관 ソウル美術館
대한민국 역사박물관 大韓民国歴史博物館

12課 家族

<1> お母さんが新聞を読まれます。

学習目標 : 尊敬語を使用して話すことができる。

語彙

어머니 母
계시다 いらっしゃる
할아버지 祖父
겨울 冬
아버지 父
여행사 旅行会社
할머니 祖母
스노보드 スノーボード

<2> 母は歌の歌いが好きです。

学習目標: 家族が好きな事を説明することができる。

語彙

골프 ゴルフ
노래 부르기 歌の歌い
책 읽기 本の読み
오빠 兄
그리다 描く
강 川
찍다 (写真を)撮る
피우다 吸う
안녕히 계세요 さようなら
골프장 ゴルフ場
아침 朝
소설책 小説本
그림 그리기 絵の描き
사진 찍기 写真の撮り
사진 写真
담배 たばこ
술 お酒

11課 - 12課 復習

11課 – 12課 語彙

식사 食事
갈비 カルビ
다음 今度
미안하다 すまない
바꾸다 変る
명 名
주부 主婦
학기 学期
부모님 両親
거기 そこ
주 週
약속을 지키다 約束を守る
한가하다 暇だ
취미 趣味
대학생 大学生

文化:呼☒

韓国語では相手を呼ぶ呼称が色々あります。

友達は普通「하늘아」、「윤아야」のように名前で呼びます。

職場で上司は「사장님(社長)、부장님(部長)」のように役職で呼び、目下の人は普通「정하늘 씨」と名前を呼びます。学校や職場で先輩には「선배님(先輩)」や「형(兄)、오빠(兄)、누나(姉)、언니(姉)」のような家族の呼称を使うこともあります。

そして結婚した女性には「아주머니(おばさん)」、結婚した男には「아저씨(おじさん)」と呼びます。

13課 買い物

<1> これより大きいかばんを買いたいです。

学習目標: 事物を比較して話すことができる。

語彙

예쁘다 きれいだ
신발 靴
가볍다 軽い
어떤 どんな
비싸다 (値段が)高い
아주머니 おばさん
가게 店
짧다 短い
길다 長い
티셔츠 ティーシャツ
편하다 楽だ
운동화 スニーカー
저 あの
주머니 ポケット
여러 가지 色々
지난주 先週
치마 スカート
바지 ズボン

<2> このりんご一つでいくらですか。

学習目標: 品物を選んで買う状況で話すことができる。

語彙

목록 リスト
남동생 弟
얇다 薄い
손님 お客さん
아이들 子供たち
사과 りんご
귤 みかん
코트 コート
개 個
호떡 ホットク
여동생 妹
음악CD 音楽 シーディー
주인 主人
남자 男子
잠깐 ちょっと
배 梨
감 柿
어서 いらっしゃいませ
정말 本当に

14課 誕生日

<1> 家族たちにあげるプレゼントを買いました。

学習目標: 品物の用途を説明することができる。

語彙

쓰다 書く
입다 着る
케이크 ケーキ
주스 ジュース
비행기 飛行機
오늘 今日
영화 映画
보내다 送る

<2> 私たちが食べた食べ物はプルコギでした。

学習目標: 誕生日にやった事を説明することができる。

語彙

그날 その日
카드 カード
미역국 わかめスープ
영화관 映画館
귀엽다 かわいい
생신 お誕生日
고르다 選ぶ
국수 素麺
슬프다 悲しい

13課 - 14課　復習

13課 – 14課　語彙

많이 たくさん
왼쪽 左側
자동차 自動車
오른쪽 右側
자루 本
그림 絵
빨간색 赤色

文化:誕生日

他人の誕生日を尋ねる時には「생일이 언제예요?(誕生日がいつですか。)」、「생일이 몇 월 며칠이에요?(誕生日が何月何日ですか。)」と質問します。「제 생일은 ___월 ____일이에요.(私の誕生日は____月____日です。)」と答えます。韓国の人々は他人の誕生日に「생일을 축하합니다.(誕生日おめでとうございます。)」、「생일을 축하해요.(誕生日おめでとうございます。)」と言います。

目上の人の誕生日には「생신을 축하드립니다.(お誕生日おめでとうございます。)」、「생신을 축하드려요.(お誕生日おめでとうございます。)」と言います。

誕生日の朝にはわかめスープを食べますが、これは母への感謝の気持ちを意味します。

韓国では母親が子供を産んだ後に健康を回復するためにわかめスープを食べるからです。

15課 電話

<1> 私に電話してください。

学習目標: 頼みたい事を説明することができる。

語彙

이메일 メール
수업 授業
주소 住所
수요일 水曜日

<2> 今電話に出られますか。

学習目標: 電話で話すことができる。

語彙

여보세요 もしもし
괜찮다 大丈夫だ
잘못 間違い
다시 再び
장소 場所
연락하다 連絡する
받다 出る
말씀하다 おっしゃる
걸다 かける
준비 準備
문자메시지 テキストメッセージ

16課 交通

<1> ソウルから全州まで汽車で2時間ぐらいかかります。

学習目標: 交通手段と所要時間を話すことができる。

語彙

액세서리 アクセサリー
얼마나 どのぐらい
방학 休み
라자냐 ラザニア
채소 野菜
숟가락 スプーン
전주 全州
기차 汽車
예매하다 前売りする
빠르다 速い
택시 タクシー
걸리다 かかる
이탈리아어 イタリア語
치즈 チーズ
포크 フォーク
곳 ところ
비빔밥 ビビンバ
인터넷 インターネット
더 もっと

<2> 地下鉄に乗り換えなければなりません。

学習目標: やらなければならない事について話すことができる。

語彙

담양 潭陽
남이섬 南怡島
갈아타다 乗り換える
명동역 明洞駅
시청역 市庁駅
홍대입구역 弘大入口駅
용산역 龍山駅
광주 光州
가평 加平
신촌역 新村駅
경복궁역 景福宮駅
강남역 江南駅
노량진역 鷺梁津駅
지하철 地下鉄

호선 号線
동대문역사문화공원역 東大門歴史文化公園駅
내리다 降りる
공항버스 空港バス
인천공항 仁川空港
로스앤젤레스 ロサンゼルス
리우데자네이루 リオデジャネイロ
출발하다 出発する

15課 - 16課 復習

15課 – 16課 語彙

외국인 外国人
들어가다 入る
슈퍼마켓 スーパー
신분증 身分証
열다 開く
면세점 免税店
여권 パスポート
알리다 知らせる
강남 江南
이태원 梨泰院

文化:韓国人の電話マナー

韓国人は電話をかける時や受ける時に「여보세요(もしもし)」と言いながら、通話を開始します。電話を切る時には特に決まった言葉はありませんが、通常「감사합니다.(ありがとうございます。)」や「안녕히 계세요.(さようなら。)」などの簡単な挨拶をしたり「이만 끊겠습니다.(お電話をお切りします。)」と言って電話を切ります。
韓国人と電話をする時に守らなければならないマナーがあります。目上の人と通話をする場合には、目上の人が先に電話を切った後に電話を切ります。目上の人ではない人と通話をした場合にも、用件が終わってすぐに受話器を置くよりちょっと受話器を上げていた後に電話を切ることをお勧めします。

17課 道探し

<1> 20メートルぐらい行くとお手洗いがあります。

学習目標: 建物の内部の場所の位置と方向を説明することができる。

語彙

화장실 お手洗い
미용실 美容室
세탁소 クリーニング屋
직원 職員
찾다 探す
똑바로 まっすぐ
건물 建物
엘리베이터 エレベーター
올라오다 上がってくる

<2> 横断歩道を渡って左に5分ぐらい行きなさい。

学習目標: 地図を見て道を聞いて答えることができる。

語彙

머리 頭
아프다 痛い
보이다 見える
횡단보도 横断歩道
건너다 渡る
건너편 向こう
고맙다 ありがたい
실례 失礼
지하철역 地下鉄駅
사거리 交差点
출구 出口
내려가다 降りていく
올라가다 上がっていく
나가다 出ていく
육교 歩道橋

18課 天気と季節

<1> 天気がいいですね。

学習目標: 天気について話すことができる。

語彙

태국 タイ
너무 とても
스위스 スイス
하늘 空
맑다 晴れる
벤치 ベンチ
울다 泣く
약 くすり

<2> 天気が暖かそうです。

学習目標: 季節について話すことができる。

語彙

저기 あそこ
기타를 치다 ギターを引く
연습 練習
봄 春

17課 - 18課 復習

17課 – 18課 語彙

길 道
정류장 停留場
삼거리 三叉路
미터 メートル
눈 雪
눈을 맞다 雪に降られる
계절 季節
되다 なる
돌아가다 帰る
제일 一番
먼저 先に

文化:韓国の道路名

「주말에 어디에서 만날까요?(週末にどこで会いましょうか。)」「을지로에서 만납시다.(乙支路で会いましょう。)」
ここで待ち合わせ場所である「을지로(乙支路)」は高句麗の有名な将軍である「을지문덕(乙支文徳)」の姓を取って作った道路名であります。このように韓国の道路名の中には国のために命を捧げたり、優れた業績を残した偉人たちの名前を取って、その方を長く覚え、その旨を続け受けようと指定された道などがあります。

도로명道路名	유래由来
세종로 世宗路 (セジョンロ)	한글을 창제한 조선의 제4대왕 세종 대왕의 이름을 따서 만든 도로명 ハングルを創製した朝鮮の第4大王である世宗大王の名を取って作った道路名

율곡로 栗谷路 (ユルゴンロ)	오천원권 화폐인물인 조선시대 대표적 유학자 율곡 이이 선생의 호를 따서 만든 도로명 五千ウォン券貨幣の人物である、朝鮮時代の代表的な儒学者である栗谷李珥先生の號を取って作った道路名
퇴계로 退渓路 (テゲロ)	천원권 화폐인물인 조선 시대 대표적 유학자 퇴계 이황 선생의 호를 따서 만든 도로명 千ウォン券貨幣の人物である、朝鮮時代の代表的な儒学者である退渓李滉先生の号を取って作った道路名
충무로 忠武路 (チュンムロ)	조선시대 장군으로 임진왜란에서 큰 공을 세운 충무공 이순신의 호를 따서 만든 도로명 朝鮮時代の将軍であり、壬辰倭亂で大きな功績を立てた忠武公である李舜臣の號を取って作った道路名
을지로 乙支路 (ウルチロ)	수나라 30만 대군을 살수에서 전부 몰살시켜 강대했던 수나라를 멸망에 이르게 한 고구려의 영웅 을지문덕 장군의 성을 따서 만든 도로명. 中国の隋国の30万の大軍を散水で全部全滅させて、強大な国であった隋国を滅亡に至るようにした高句麗の英雄である乙支文徳将軍の苗字を取って作った道路名
충정로 忠正路 (チュンジョンロ)	조선말기 문신으로 나라를 위해 순국한 민충정공(민영환)의 호를 따서 만든 도로명 朝鮮末期の文臣であり、国のために殉国した閔忠正公(ミンヨウンファン)の號を取って作った道路名

19課 旅行

<1> 私は今度の休みに韓国で旅行をしようとします。

学習目標: 旅行の計画を話すことができる。

語彙

런던 ロンドン
민박 民宿
펜션 ペンション
우도 牛島
돌 石
인기 人気
여기저기 あっちこっち
예약하다 予約する
성산 일출봉 城山日出峰
생선회 刺身
인형 人形

<2> フオンさんは今免税店でショッピングをしています。

学習目標: 旅行の準備について話すことができる。

語彙

충전기 充電器
가이드북 ガイドブック
아직 まだ
예약 予約
우산 傘
로밍 ローミング
선글라스 サングラス
늦다 遅れる

20課 休みと休日

<1> 私は休みに中国に行きます。

学習目標: 休みにやることを話すことができる。

語彙

장기자랑 隠し芸
구경 見物
발레 バレエ
시작되다 始まる
단어 単語
계획표 計画表
돌아오다 帰る
급 級

<2> 景色が美しくありませんか。

学習目標: 休日について話すことができる。

語彙

설날 お正月
어른 お年寄り
떡국 トックク
크리스마스트리 クリスマスツリー
제목 題目
음력 陰暦
세배 セベ
휴일 休日

19課 - 20課　復習

19課 – 20課 語彙

드시다 召し上がる
집청소 家の掃除
선물하다 プレゼントする
태권도장 テコンドー道場
만두 餃子

文化:韓国の祝日

韓国の伝統的な祝日はいろいろ多いです。

しかしながら、現代の韓国人が守る大きな伝統的な祝日はお正月(ソルラル)とお盆(チュソク)です。お正月は新年が始まる陰暦1月1日であり、お盆は陰暦8月15日です。お盆は秋に収穫が終わった後に豊かな収穫を収めるようにしてくれた先祖に感謝を捧げる日であり、他の言葉で「한가위(ハンガウィ)」とも呼ばれます。お正月には「새해 복 많이 받으십시오(明けましておめでとうございます)」と挨拶をし、お盆には

「풍성한 한가위 보내세요(豊かなハンガウィをお過ごしください)」または「행복한 추석을 보내세요(幸せなチュソクをお過ごしください)」と挨拶します。